LAS

SIETE LEYES

ESPIRITUALES PARA PADRES

LAS
SIETE LEYES
ESPIRITUALES PARA PADRES

Cómo guiar a sus hijos
hacia el éxito y
la realización personal

Deepak Chopra

Traducción
Adriana de Hassan

GRUPO
EDITORIAL
norma

Barcelona, Bogotá, Buenos Aires, Caracas, Guatemala,
Lima, México, Miami, Panamá, Quito, San José, San Juan,
San Salvador, Santiago de Chile, Santo Domingo.

Edición original en inglés:
THE SEVEN SPIRITUAL LAWS FOR PARENTS
de Deepak Chopra.
Una publicación de Harmony Books
división de Crown Publishers, Inc.
201 East 50th Street, New York, NY 10022, U.S.A.
Copyright © 1997 por Deepak Chopa, M.D.

La cubierta de este libro es una adaptación
de la original, de Lynne Amft.

ISBN 958-04-4079-4

A mis hijos,
Mallika, Gautama y Sumanth

Contenido

Introducción

Cuando se publicó mi libro *Las siete leyes espirituales del éxito*, la respuesta fue inmediata y muy hermosa: miles de personas que lo leyeron comenzaron a practicar en su vida diaria los principios de los que se vale la naturaleza para crear todo lo que existe.

Con el tiempo comencé a recibir solicitudes de muchas de esas personas, que a su vez eran padres y madres de familia. Las solicitudes eran diversas, pero todas convergían en un mismo tema: "Teniendo en cuenta lo mucho que me he beneficiado con la práctica de estas leyes espirituales, me hubiera gustado conocerlas muchos años atrás. El valor de principios como dar, no oponer resistencia y confiar en el universo para que cumpla mis deseos es algo que veo claramente ahora, pero que no fue fácil de ver al comienzo. Tuve que luchar para romper los hábitos destructivos con los cuales crecí. Como padre, no deseo que mis hijos aprendan esos mismos hábitos nocivos y que luego tengan que enfrentar el sufrimiento de tener que cambiar. ¿Cómo puedo asegurarme de que eso no suceda?"

Escribo este libro con el ánimo de responder a esas solicitudes, ampliando las *siete leyes espirituales* concretamente para el contexto de los padres. Quien quiera que desee explicarles las leyes espirituales a sus hijos encontrará aquí la forma de hacerlo en términos que los niños puedan comprender y aplicar. Mi enfoque se basa en el convencimiento de que todos los padres necesitan herramientas para criar hijos que comprendan claramente la manera como funcionan la naturaleza y la conciencia.

Todos los seres del mundo deseamos algo; todo el mundo tiene deseos. Los niños deben saber, desde el comienzo, que el deseo es el impulso más básico de la naturaleza humana. Es la energía del espíritu. Cuando crecemos y comenzamos a buscar respuestas a preguntas profundas, o nos disponemos a resolver problemas inmensamente desafiantes de nuestra vida personal, recurrimos precisamente a ese deseo natural que motivó nuestra curiosidad en la infancia. El buscador es el niño que ha pasado de necesitar el amor de sus padres a necesitar el de Dios, de desear juguetes a desear la creatividad infinita. En este libro trataré de mostrarles a los padres la manera como sus hijos pueden realizar mejor sus deseos y alcanzar con éxito lo que quieran en la vida. Y trataré de explicar los conceptos espirituales lo mejor posible para ponerlos al alcance de los niños. Pero éste no es simplemente un libro dirigido a enseñarles las leyes espirituales a los niños, pues lo que un niño necesita saber no es más que una versión modificada de aquello que también los adultos necesitan saber.

La fascinación por el éxito material ha impedido a la sociedad reconocer una verdad profunda: que el éxito depende de lo que la persona es, no de lo que hace. El Ser, o la esencia, o el espíritu —llámese como quiera— es la fuente de todas las realizaciones de la vida. Pero el concepto de Ser es algo muy abstracto y por esa razón las personas lo perciben más como una idea que como algo real y útil. Sin embargo, si examinamos las tradiciones más antiguas de la sabiduría humana, encontramos ciertos principios inamovibles, claros y confiables, que nos enseñan que el espíritu se desarrolla a partir del Ser eterno para manifestarse en la vida cotidiana.

A algunas personas les parecerá difícil comprender por qué, pese a ser tan útiles en la vida cotidiana, las leyes espirituales han permanecido ocultas durante tantos siglos. A manera de analogía, podemos decir que la electricidad sólo entró a formar parte de la conciencia general con la aparición de la bombilla, a pesar de que la energía eléctrica ha sido elemento constitutivo del universo desde los albores de la creación. Además, el Ser, el espíritu o la esencia es invisible, pero aun así ejerce un impacto enorme sobre nuestro devenir diario. La inteligencia invisible oculta detrás del universo visible opera a través de las siete leyes espirituales. Y, nuevamente por analogía, si no se hubieran descubierto las leyes de la electricidad, jamás nos habríamos beneficiado de sus aplicaciones prácticas.

Ahora más que nunca, en esta era de violencia y confusión, los padres tienen la necesidad urgente de asumir la función de maestros espirituales de sus hijos. Las leyes del funcionamiento de la naturaleza no son confidenciales. Son aplicables a todos y a todo. Por lo tanto, comprender esas leyes no solamente es una forma de ayudar a unas cuantas personas, sino que es crucial para nuestra sociedad y hasta para la civilización. Si formamos a nuestros hijos para que practiquen las siete leyes espirituales, lograremos transformar toda nuestra civilización. El amor y la compasión, tenidos a veces en tan baja estima por estos días, podrían llegar a ser el aliento natural y la vida de la existencia de todo el mundo. Creo que es nuestro deber ante el mundo contribuir a que tantos niños como sea posible crezcan conociendo la realidad espiritual.

El espíritu siempre ha sido esquivo. Una antigua escritura de la India nos dice que un cuchillo no Lo puede cortar, el agua no Lo puede mojar, el viento no Lo puede alejar, el sol no Lo puede secar. Cada molécula del universo está llena de Ser; cada pensamiento, cada trozo de información que nos llega a través de los cinco sentidos no es otra cosa que Ser. Pero podemos pasar completamente por alto al Ser porque éste mantiene un silencio total, como un maestro coreógrafo que nunca participa en la danza. El Ser nos sostiene a todos, es nuestra fuente de aliento y vida y, sin embargo, es algo sobre lo cual nuestros padres nos enseñaron muy poco.

No siendo culpables de nuestra falta de conocimiento acerca del espíritu, podemos embarcarnos en el aprendizaje de las siete leyes espirituales con el mismo entusiasmo con el cual esperamos transmitirlas a nuestros hijos. Más que ninguna otra cosa, ése ha sido el principio rector de este libro.

PARTE UNO

Ser padres
y el
don del espíritu

> Después de todo, ¿qué es Dios?
> Un Niño eterno que juega un juego eterno
> en el jardín de la eternidad.

SRI AUROBINDO

El anhelo más profundo del corazón de un padre es ver a su hijo triunfar en la vida. Sin embargo, ¿cuántos de nosotros reconocemos que el camino más directo hacia el éxito es a través del espíritu? En nuestra sociedad generalmente no nos percatamos de esa conexión. Todo lo contrario: enseñamos a nuestros hijos a sobrevivir, a asumir ciertos comportamientos para obtener nuestra aprobación, a defenderse, a competir, a perseverar a pesar de las frustraciones, los obstáculos y los tropiezos. Aunque en general creer en Dios se considera una buena cosa, el espíritu siempre se ha mantenido separado del éxito en la vida cotidiana. Esto es un error que ha afectado profundamente a nuestra vida desde la infancia.

Muchas personas creen ciegamente que el éxito es material y puede medirse en términos de dinero, prestigio o abundancia de posesiones. No cabe duda de que todas esas cosas pueden ser importantes, pero poseerlas no es garantía del éxito. El éxito que deseamos para nuestros hijos debe incluir también muchas facetas que no son materiales, entre ellas la capacidad para amar y sentir compasión, la capacidad para sentir alegría y contagiarla a los demás, la seguridad de saber que la vida tiene un propósito y, por último, la sensación de estar conectados con el poder creador del universo. Todos estos aspectos constituyen la dimensión espiritual del éxito, la dimensión que produce satisfacción interior.

Si todos los días logramos ver el significado de la vida en forma de simplicidad y asombro, habremos alcanzado el éxito —lo cual significa, en el fondo, que cuando nace cada ser humano ya posee el éxito. La capacidad que tienen los niños para asombrarse ante la existencia cotidiana es la prueba más certera de que la naturaleza desea que tengamos éxito. Está en nuestra propia naturaleza responderle a la vida con alegría. Las semillas de Dios están dentro de nosotros. Cuando emprendemos el viaje del espíritu, regamos con agua las semillas de la divinidad. Una vida buena no es más que el reflejo de nuestra intención interna. Con el tiempo, las flores de Dios florecen dentro de nosotros y a nuestro alrededor, y comenzamos a presenciar y a reconocer el milagro de lo divino a donde quiera que vamos.

Por tanto, nuestra responsabilidad como padres es afianzar a nuestros hijos en el camino del espíritu. Es lo mejor que podemos hacer para garantizar su éxito en la vida, mucho mejor aun que darles dinero, una casa o incluso amor y afecto. Quisiera que reflexionáramos juntos acerca de esta noción espiritual de nuestro papel como padres, aunque parezca diferente de la noción convencional.

Para hacer realidad esta nueva visión de nuestro papel como padres debemos contar con principios prácticos que podamos enseñarles a nuestros hijos. Los principios que tengo en mente son los que ya presenté en un libro anterior como las "siete leyes espirituales del éxito". A fin de establecer conexión con el espíritu, es crucial conocer la ley espiritual. Cuando ponemos en práctica las leyes espirituales, entramos en armonía con la naturaleza. Cualquier otra forma de vida conlleva solamente esfuerzo y lucha. Si bien el éxito alcanzado a expensas de una lucha puede traernos cosas buenas, jamás se traducirá en la realización interior que pretendemos obtener con ellas.

En el lenguaje de los adultos, las siete leyes espirituales son las siguientes:

PRIMERA LEY: *La ley de la potencialidad pura*
La fuente de toda creación es la conciencia pura... la potencialidad pura que busca expresarse para pasar de lo inmanifiesto a lo manifiesto.

SEGUNDA LEY: *La ley del dar*
Si estamos dispuestos a dar aquello que buscamos, mantendremos la abundancia del universo circulando en nuestra vida.

TERCERA LEY: *La ley del "karma"*
Cuando optamos por acciones que les producen alegría y éxito a los demás, el fruto de nuestro karma también es alegría y éxito.

CUARTA LEY: *La ley del menor esfuerzo*
La inteligencia de la naturaleza funciona con toda facilidad... con despreocupación, armonía y amor.

Cuando aprovechamos estas fuerzas, creamos éxito con la misma facilidad.

QUINTA LEY: *La ley de la intención y el deseo*
Cada intención y cada deseo contiene en sí mismo el mecanismo para su realización... En el terreno de la potencialidad pura, la intención y el deseo tienen un infinito poder organizador.

SEXTA LEY: *La ley del desapego*
Movidos por nuestro deseo de penetrar en lo desconocido, el terreno de todas las posibilidades, nos entregamos a la mente creadora que organiza la danza del universo.

SÉPTIMA LEY: *La ley del "dharma"*
Cuando combinamos nuestro talento único con el servicio a los demás, experimentamos el éxtasis y el júbilo de nuestro propio espíritu, que es la más excelsa de todas las metas.

El hecho de que las llamemos "leyes" o "principios" no es importante. Son leyes en la medida en que gobiernan el despliegue del espíritu al pasar del mundo invisible del alma al mundo visible de la materia. Son principios en la medida en que podemos interiorizarlos y aplicarlos de la misma manera en que aplicaríamos un principio como decir siempre la verdad o ser justos.

¿Por qué necesitamos estos principios? ¿Por qué no limitarnos simplemente a enseñarles a nuestros hijos a amar a Dios y a ser buenos?

La respuesta es que las siete leyes espirituales ponen a la persona en contacto con la mecánica de la naturaleza. Cuando sincronizamos conscientemente nuestra vida con las leyes espirituales, solicitamos el apoyo del universo en forma de éxito y abundancia. Ésta es la clave para tomar conciencia de nuestro propio Ser y utilizar su poder infinito. Cuanto más pronto aprenda una persona a vivir de manera armoniosa, creativa y sin esfuerzo, mayor será la probabilidad de que experimente el éxito durante toda su vida. Eso es lo que debemos enseñarles a nuestros hijos, y hacerlo será la mayor fuente de dicha y orgullo.

Aunque en toda tradición espiritual está presente alguna versión de estas siete leyes, su forma más pura se encuentra en la antigua tradición védica de la India, que las estableció hace más de cinco mil años. Las siete leyes espirituales sustentan la siguiente visión:

Los seres humanos estamos hechos de cuerpo, mente y espíritu. De estos tres, el primer lugar lo ocupa el espíritu, puesto que nos conecta con la fuente de todo, el campo eterno de la conciencia. Cuanto más estrecha la conexión, más podemos gozar de la abundancia del universo, que ha sido organizado con el fin de satisfacer nuestros deseos y anhelos. Solamente cuando estamos desconectados nos vemos en la necesidad de sufrir y luchar. La intención divina es que todos y cada uno de los seres humanos disfrutemos de un éxito sin límites.

Por lo tanto, el éxito es natural en grado supremo.

El espíritu y los niños — La enseñanza de la inocencia

El lenguaje de las siete leyes espirituales debe ser diferente, menos abstracto, cuando se utiliza con un niño. Afortunadamente, las mismas leyes se pueden expresar de tal manera que hasta un niño pequeño pueda llevarlas en su mente y en su corazón:

PRIMERA LEY:
Todo es posible.

SEGUNDA LEY:
Si deseas obtener algo, da eso mismo.

TERCERA LEY:
Cuando haces una elección, cambias el futuro.

CUARTA LEY:
No te resistas —sigue la corriente.

QUINTA LEY:
Cada vez que deseas o esperas algo, siembras una semilla.

SEXTA LEY:
Disfruta el viaje.

SÉPTIMA LEY:
Estás aquí por una razón.

El día en que escribí estos adagios tan simples no me detuve a pensar demasiado en ellos, pero después comprendí súbitamente que si me hubieran enseñado sólo esas siete frases cuando era niño, mi vida habría sido profundamente diferente. Habría sabido algo a la vez precioso y práctico, algo que no se habría desvanecido como una lección de la infancia, sino que habría madurado año tras año hasta convertirse en un conocimiento espiritual.

Un niño criado con destrezas espirituales sabrá responder a las preguntas más elementales sobre el funcionamiento del universo; comprenderá la fuente de creatividad que vive dentro y fuera de sí mismo; podrá practicar la actitud de no juzgar, la aceptación y la verdad —que son las destrezas más invaluables que puede poseer una persona para relacionarse con los demás; y vivirá libre del agobiante temor y la angustia sobre el significado de la vida—que es lo que hace marchitar en secreto el corazón de la mayoría de los adultos, sea que puedan reconocerlo o no.

La formación más profunda que se le puede dar a un hijo es la espiritual. No me refiero a imponer reglas estrictas a los niños, de la misma manera en que les enseñamos a ser buenos para no arriesgarse a ser castigados. Las siete leyes espirituales no se deben transmitir como reglas ni preceptos rígidos, sino como *una forma propia de ver la vida*. Como padre o madre, su ejemplo será una enseñanza mucho más eficaz que las palabras. Eso es en sí parte de la perspectiva espiritual.

Cada niño tiene desde el comienzo una vida espiritual. Esto es así porque cada niño nace dentro del campo de la creatividad infinita y la conciencia pura que es espíritu. Pero no todos los niños crecen conociendo esa verdad. Es preciso cultivar el espíritu, nutrirlo y estimularlo. De esa manera, el espíritu inocente del niño llega a la madurez teniendo la fuerza suficiente para soportar las duras realidades de un mundo a menudo poco espiritual.

Nada pierde el terreno de la creatividad infinita, el cual está más allá del mal, cuando rompemos contacto con el espíritu; son nuestras oportunidades en la vida las que pierden, y mucho. De la mano del espíritu todos somos hijos del cosmos; apartados de él, somos huérfanos y nos encontramos a la deriva.

Tomemos un ejemplo. La séptima ley dice: "Estás aquí por una razón". La razón de ser de un niño se puede expresar en términos cotidianos muy simples, tales como:

Qué cosa importante hice hoy?

¿Qué talento descubrí?

¿Qué cosa recibí —un presente, una lección, una linda experiencia— que me haya hecho sentir especial?

¿Qué hice para hacer que alguien más se sintiera especial?

Todas éstas son simples variaciones de la pregunta fundamental "¿Por qué estoy aquí?". Todos nos hicimos esa misma pregunta cuando niños y la relegamos al olvido sencillamente porque percibimos que ni nuestros padres ni nuestros maestros sabían responderla.

Un niño que no ha aprendido a buscar el significado de la vida de una manera simple tendrá que luchar un día por encontrar su propósito en la vida bajo circunstancias mucho más difíciles. Por lo general postergamos esa búsqueda para el final de la adolescencia, cuando tenemos veinte años, y a veces hasta cuando tenemos cuarenta, momentos que infortunadamente coinciden con las etapas más turbulentas del desarrollo personal. El "significado de la vida" se confunde entonces con la rebeldía y ese carrusel de emociones que caracteriza el final de la adolescencia, o con la creciente conciencia de nuestra mortalidad, que llega cuando alcanzamos la mitad de la vida. En la escuela tratamos de digerir las ideas de los grandes filósofos y maestros religiosos. Nos sumergimos en el debate sobre si la existencia tiene algún significado o no. (Creo que cualquiera que haya vivido durante los años sesenta recuerda claramente el dolor de esas fases de la lucha.)

Sin embargo, un niño al que se le haya enseñado desde la edad de tres o cuatro años que "está en este mundo por una razón", tendrá ante sí un futuro muy

distinto. Ese niño verá el hecho de buscar el significado de la vida como algo natural, el equivalente espiritual de aprender el alfabeto. No habrán para él
años de postergación seguidos de un gran desasosiego
interior. La pregunta "¿Por qué estoy aquí?" no tiene
por qué estar rodeada de temor existencial; por el contrario, constituye la exploración más alegre que puede em-
prender una persona, y es grande el favor que hacemos
a nuestros hijos si se la presentamos de esa manera. El
niño que preste atención aunque sea a este principio
tendrá una vida más plena —más exitosa— que los incon-
tables adultos para quienes el "espíritu" y "Dios" quedan
por siempre aprisionados en un mundo de abstracción.

El verdadero crecimiento espiritual transforma a las
personas de una manera paradójica. Permite comprender
y, al mismo tiempo, conserva la inocencia. Tristemente,
los padres nos inclinamos a distanciarnos de la infancia.
Lo hacemos aparentando saber más sobre la vida, cuando
en realidad lo único que hemos tenido es más experiencia. Hemos aprendido a conocer las reglas y evitar el
castigo, a ocultar nuestra debilidad dando muestras de
fuerza, y a no dejar caer nunca la máscara de la invul-
nerabilidad. No hay mejor receta para destruir la inocencia de un niño que destruir la nuestra.

A los ojos del espíritu, todo el mundo es inocente, en todo el sentido de la palabra. Siendo inocentes no hemos hecho nada para merecer el castigo o la ira divina. Todos los días nacemos de nuevo. Somos receptores de una experiencia que jamás deja de inspirar deleite y asombro. Solamente hay una diferencia espiritual entre la inocencia de los niños y la de los adultos: nuestra inocencia, la de los adultos, viene acompañada de *comprensión*, y esto último es lo que debemos enseñar, al mismo tiempo que conservamos la calidad pura, fresca y prístina del verdadero conocimiento.

Cómo comenzar

Desde el mismo momento en que nuestros hijos nacen nos convertimos en maestros del espíritu. Si creamos una atmósfera de confianza, tolerancia, sinceridad y aceptación, esas cualidades serán absorbidas como cualidades del espíritu.

En un mundo perfecto, la labor de ser padres se podría reducir a una sola frase: *mostrar y ser solamente amor*. Pero en el mundo en el que vivimos, los niños al crecer se ven enfrentados a muchos comportamientos de desamor, principalmente por fuera del hogar, pero también dentro de él. En lugar de preocuparnos por si tenemos amor suficiente para ser maestros espirituales, pensemos en la espiritualidad como en una destreza para la vida, puesto que de eso se trata precisamente. Yo estoy convencido de que debemos enseñar esas destrezas desde la más tierna edad, por cualquier medio que el niño pueda comprender.

LACTANTE, 0-1 AÑO

PALABRAS CLAVE: *Amor, afecto, atención.*

Por suerte para nuestra generación ya ha dejado de ser válida la idea errónea de que a los niños se los debe entrenar y disciplinar desde la cuna. Un lactante es oro espiritual puro. Cultivar la inocencia de un bebé es la manera de encontrar el camino hacia la nuestra. Por tanto, en realidad es el progenitor quien, en un sentido fundamental, se sienta a los pies del bebé. La unión espiritual con un hijo se crea a través de las caricias, los abrazos, la protección, el juego y la atención. El organismo humano no puede florecer sin estas respuestas "primitivas" del ambiente y, de no tenerlas, languidece y se marchita lo mismo que una flor privada de luz.

INFANTE, 1-2 AÑOS

PALABRAS CLAVE: *Libertad, estímulo, respeto.*

Ésta es la etapa en la cual el niño comienza a desarrollar el ego. Cuando hablo de *ego* me refiero al sentido más simple del 'yo', la convicción del "yo soy". Es una época delicada puesto que el infante ensaya por primera vez a desprenderse de su progenitor. La seducción de la libertad y la curiosidad tiran de él en una dirección, pero el miedo y la inseguridad tiran en dirección opuesta. El hecho de estar solos no siempre es una experiencia placentera; por lo tanto, es deber de los padres comunicar una lección espiritual sin la cual ningún niño puede convertirse en un ser verdaderamente independiente: que el mundo es un lugar seguro.

El hecho de que un adulto se sienta seguro demuestra que cuando niño, antes de cumplir los dos años, nunca estuvo condicionado por el miedo, sino que, por el contrario, fue animado a expandirse sin límites, y a valorar la libertad a pesar de las heridas ocasionales que se pueden sufrir al estrellarse contra el mundo. Caer no es lo mismo que fracasar; lastimarse no es lo mismo que convencerse de que el mundo es peligroso. Las heridas no son otra cosa que el medio del cual se vale la naturaleza para señalarle al niño sus límites —el dolor existe para que el infante pueda saber dónde comienza y termina su "yo", y para que pueda evitar posibles peligros como una quemadura o una caída por la escalera.

Cuando los padres distorsionan este proceso natural de aprendizaje, el resultado es una sensación de dolor *psicológico* que no corresponde a la intención de la naturaleza. El dolor psicológico establece unos límites que nadie puede cruzar sin sentir una terrible angustia por su vida. Si un niño relaciona el dolor físico con el hecho de ser malo, débil e incapaz de manejar las cosas, o si se siente constantemente amenazado, el espacio para su crecimiento espiritual se reduce porque, sin la sensación de seguridad, el espíritu permanece distante y la persona se limita a tratar eternamente de sentirse segura en este mundo. Sin embargo, esa seguridad no se logra sin superar antes las huellas de la primera infancia.

EDAD PREESCOLAR: 2-5 AÑOS

PALABRAS CLAVE: *Merecer, explorar, aprobar.*

La tarea principal de esta etapa es que el niño aprenda a valorarse a sí mismo. La autoestima abona el terreno para que el niño pueda salir de la familia e ir al encuentro de un mundo más grande y ancho. Esta etapa se identifica con los deberes y los desafíos. Hasta los 2 ó 3 años, un niño no tiene responsabilidades; le basta con jugar y ser feliz. No existe otra necesidad espiritual que nutrir la dicha que el niño siente a medida que su yo se despliega ante un mundo fresco y nuevo.

Cuando aprende a ir al baño y a comer solo, el infante comienza a darse cuenta de que el "yo soy" puede ampliarse y abarcar al "yo puedo". Y cuando el ego se da cuenta de ello, ya no hay forma de frenar a un niño de dos años. Siente que tiene al mundo entero en su mano —y ciertamente a todos los miembros de su familia. El "yo" es como un motor recién conectado y la razón por la cual la edad de los dos años es terrible es porque el ego recién nacido está lleno de energía desordenada. Los gritos, las carreras, la constante verbalización de la muy poderosa palabra "no" y el deseo de gobernar la realidad a base de mera voluntad, son exactamente las características de esta etapa.

Desde el punto de vista espiritual, el valor de la edad preescolar es que el poder *es* espiritual —los problemas se presentan solamente cuando el poder se distorsiona. Así, en lugar de tratar de frenar la carrera de un niño hacia el poder, debemos canalizar esa energía a través de actividades y desafíos que le enseñen equilibrio. Sin equilibrio, el hambre de poder de un niño en edad preescolar se convierte en pesadumbre porque su experiencia es en gran medida esa ilusión de poder. A los dos años, un niño bullicioso es todavía una persona muy pequeña, vulnerable y en formación. Movidos por el amor, permitimos que exista esa ilusión porque deseamos que nuestro hijo se convierta en una persona fuerte y capaz e interiormente segura de enfrentar cualquier desafío. El sentido de autoestima no podrá desarrollarse si reprimimos o sofocamos la sensación de poder en esta etapa.

JARDÍN DE INFANTES — COMIENZO DE LA ESCUELA PRIMARIA, 5-8 AÑOS

PALABRAS CLAVE: *Dar, compartir, no juzgar, aceptación, verdad.*

Las palabras clave que se aplican a los primeros años escolares tienen ya una connotación más social. Claro que hay muchas palabras más, porque como el niño ya ha experimentado el mundo durante cinco años, su cerebro ha desarrollado tanta complejidad y actividad que constantemente está absorbiendo y poniendo a prueba

un sinnúmero de conceptos. Tampoco quisiera dar a entender que compartir, dar y decir la verdad son cosas que
se deban pasar por alto antes de esta edad, pero el aspecto
crítico de esta etapa es la disposición para asimilar
conceptos abstractos. La mente concreta del lactante que
no comprende las razones del comportamiento de su
progenitor, solamente las sensaciones, se abre ahora a la
capacidad de aceptar otras realidades aparte de "yo soy",
"yo quiero" y "primero yo".

El dar es la forma como demostramos, a cualquier
edad, nuestra empatía con las necesidades de los demás.
Si al niño se le presenta el dar como una pérdida —
sacrificar algo para entregarlo a otro— no se le habrá
enseñado la lección espiritual de esta etapa. En términos
espirituales, dar es "yo te doy sin perder nada porque tú
eres parte de mí". Un niño pequeño no puede comprender esta idea totalmente, pero sí *sentirla*. Los niños no
solamente *desean* compartir sino que les encanta hacerlo. Sienten el calor que nace de rebasar las fronteras del
ego para incluir a otra persona en su mundo particular;
no existe otro acto más íntimo y, por lo tanto, que genere
más dicha.

Lo mismo sucede con el hecho de decir la verdad.
Mentimos para protegernos, para evadir el peligro o el

castigo. Pero el temor al castigo genera tensión interior y aunque la mentira nos proteja de un supuesto peligro, rara vez, o quizás nunca, alivia la tensión interior. Lo único que la alivia es la verdad. Enseñarle al niño que la verdad lo hará sentirse bien es el primer paso para darle a entender que la verdad tiene una cualidad espiritual. El castigo es innecesario. Pero si fomentamos la actitud de "si no dices la verdad, tendrás problemas", estaremos comunicando algo falso desde el punto de vista espiritual. El niño que siente la tentación de mentir está bajo la influencia del temor; y si la verdad se asocia con ese temor, la mente, con razón, tratará de perfeccionar el arte de mentir y aparentar veracidad.

En ambos casos, el resultado es que el niño se siente obligado a parecer mejor de lo que siente que es en realidad. Aprender a actuar conforme a lo que los demás esperan de nosotros es una fórmula garantizada para la destrucción espiritual. El niño debe sentir que "esto es lo que yo deseo hacer".

Niños mayores: 8-12 años

PALABRAS CLAVE: *Independencia de criterio, discernimiento, percepción.*

Esta etapa es la más grata para muchos padres, que gozan al ver cómo sus hijos desarrollan personalidad e independencia. El niño piensa por sí mismo, prefiere ciertos pasatiempos, se inclina por unas cosas y rechaza otras, muestra entusiasmo, y la carrera del descubrimiento se orienta hacia cosas que pueden durar toda la vida, como el amor por la ciencia o el arte. Los conceptos espirituales clave están en armonía con esta emocionante fase.

Por estéril que suene, el "discernimiento" es una hermosa cualidad del alma. Va mucho más allá de diferenciar el bien del mal. Durante estos años, el sistema nervioso puede registrar impresiones sutiles de gran profundidad e importancia para el futuro. Un niño de diez años es capaz de alcanzar la sabiduría, y experimenta por primera vez el más delicado de los dones: la percepción personal. El niño puede ver el mundo y juzgarlo a través de sus propios ojos, y ya no tiene necesidad de esperar a recibirlo de mano de los adultos.

Por tanto, ésta es la primera etapa en la que se puede empezar a comprender el concepto de una ley espiritual. Anteriormente, la idea de una ley parecía sólo una regla que se debía obedecer o, por lo menos, tomar en cuenta. En lugar de utilizar la palabra *ley,* los padres podrían

comunicarles a sus hijos nociones útiles sobre "la forma
como funcionan las cosas" o "la razón por la cual las
cosas son como son" o "las cosas que debemos hacer para
sentirnos bien". Éstas son formas más concretas de enseñar, porque giran alrededor de la experiencia. Sin
embargo, hacia la edad de los diez años el razonamiento
abstracto toma un giro independiente y la experiencia
se convierte en el verdadero maestro, dejando de lado
a la figura de autoridad. La razón por la cual sucede esto
es un misterio espiritual, considerando que la experiencia
está presente desde el nacimiento. No obstante, por alguna razón el mundo le habla súbitamente al niño, quien
ahora está en capacidad de comprender las sensaciones
internas que le dicen porqué algo es verdad o no, o porqué
la verdad y el amor son importantes.

PRIMERA ADOLESCENCIA: 12-15 AÑOS

PALABRAS CLAVE: *Conciencia de sí mismo,
experimentación, responsabilidad.*

La infancia termina con la primera adolescencia, época
tradicionalmente penosa y difícil. Durante este tiempo,
el niño experimenta el paso súbito de la inocencia a la
pubertad y la llegada de unas necesidades que los padres

ya no pueden satisfacer. Los padres, por su parte, se dan cuenta de que deben soltar al niño y confiar en que éste sea capaz de manejar un mundo de responsabilidades y presiones al cual ellos mismos escasamente han aprendido a acomodarse sin sentirse inseguros.

Lo que es crítico en esta etapa es que para entonces las lecciones de la infancia ya habrán rendido su fruto, bien sea dulce o amargo. El niño que puede avanzar en la vida imbuido de conocimiento espiritual reflejará el orgullo y la confianza de sus padres; mientras que el niño que se estrella constantemente contra la confusión, la experimentación temeraria y la presión del grupo reflejará, a su vez, la confusión oculta de su crianza. La adolescencia se distingue por ser un período durante el cual el niño toma conciencia de sí mismo como ente físico, pero también puede ser un tiempo para el descubrimiento espiritual.

La experimentación es un componente natural de la transición de la infancia, pero no tiene por qué ser temeraria y destructiva. Ahora la cuestión es si el niño tiene un yo interior que le pueda servir de guía. El yo interior es esa voz silenciosa capaz de escoger entre el bien y el mal con base en un conocimiento profundo de la vida. Esa sabiduría no se limita a una edad en

particular; está presente en toda su integridad tanto en
él recién nacido como en el adulto maduro. La diferencia
radica en que el adulto ha cultivado los comportamientos
que le señala su guía interior —si usted le ha enseñado
a su hijo a oír su propio silencio, no tendrá que temer
el momento de soltarlo al mundo cuando termine la
infancia. Todo lo contrario: es una dicha (aunque no deja
de producir inquietud) observar a un hijo crecer en la
conciencia de sí mismo a medida que experimenta con
toda la gama de opciones que la vida ofrece.

Enseñar a distinguir
entre el bien y el mal

Puesto que todos hemos crecido en una sociedad que
asigna muy poco valor a la vida espiritual, no es fácil
definir exactamente lo que significa ser maestros espirituales de nuestros hijos. Por ejemplo, ¿en qué se diferencia esto de ser sencillamente padres buenos y amorosos? Para demostrar esa diferencia, tomemos un
problema crucial para todo el mundo: cómo enseñarles
a nuestros hijos a distinguir entre el bien y el mal.

Creo que todos estamos de acuerdo en que se debe

evitar la antigua práctica de enseñar a través del castigo y la reprimenda. Aparecer ante nuestros hijos como figuras de autoridad punitiva solamente contribuye a resaltar los dilemas morales que aún no hemos podido resolver nosotros mismos. Los niños detectan rápidamente la brecha entre lo que decimos y la manera como nos comportamos. Es probable que aprendan a obedecernos por temor al castigo, pero a nivel emocional intuyen que un progenitor que necesita recurrir a las amenazas y la coacción no puede ser modelo del "bien".

Sin embargo, todos nos damos cuenta de que, a pesar de nuestras mejores intenciones, hay momentos en que la exasperación y la frustración nos empujan a castigar a los hijos. Pero si examinamos de cerca esos momentos, descubrimos que el castigo no es otra cosa que un medio para resolver problemas que no hemos dilucidado en nuestro propio corazón. ¿Realmente estamos convencidos de que es posible ser buenos a toda hora? ¿Tememos a un Dios dispuesto a castigarnos si hacemos algo malo? ¿Es el mal una fuerza ante la cual nos sentimos impotentes, al no saber si la bondad en realidad podrá enfrentarla, y mucho menos vencerla, en este mundo?

Las debilidades de nuestra propia vida espiritual se manifiestan en la forma como decidimos criar a nuestros hijos. No hay escapatoria, e incluso cuando nos esforzamos por ser amorosos y suaves con ellos, siempre hay momentos en que nuestras propias dudas salen a flote. Ser maestro espiritual implica algo más que adoptar ciertos comportamientos; es estar ahí para enseñar verdades reales acerca de la naturaleza de la vida espiritual.

La manera más fácil de transmitir el significado del espíritu es crear una atmósfera en la cual el espíritu se infunda en forma de amor. Tener un hijo es un acto de gracia tal que todos los padres desean devolver ese don muchas veces. Es un impulso que yo mismo he sentido de manera muy íntima. Tuve la confianza para escribir este libro porque mis dos hijos me han permitido aprender a través de ellos las siete leyes espirituales. Por su inocencia, los hijos son maestros despiadados de la verdad y el amor. Si no los criamos totalmente inmersos en el espíritu del amor, no importa cuáles leyes creamos estar enseñando, éstas no serán más que reglas inertes que nuestros hijos descartarán tan pronto como no exista una autoridad que les exija obediencia.

Desde que nuestros hijos eran muy pequeños, mi esposa y yo descubrimos que estábamos siguiendo instintivamente ciertas prácticas que sólo más adelante se consolidaron como principios:

- Enseñamos a nuestros hijos a aceptar al espíritu como una realidad, a creer en una fuente infinita de amor que los abrazaba tiernamente. Ésa fue la definición de Dios que les transmitimos.

- No los presionamos para que alcanzaran el éxito convencional. Fue nuestra manera de decirles que el universo los amaba por lo que eran, no por lo que hacían.

- Nunca sentimos la necesidad de castigarlos, aunque les hacíamos saber con toda franqueza cuándo nos sentíamos desilusionados, furiosos o heridos. Fue nuestra manera de transmitirles enseñanzas a través de la reflexión y no de las reglas.

- En ningún momento olvidamos que nuestros hijos eran regalos del universo y siempre les hicimos saber que así lo sentíamos. Les decíamos que nos considerábamos honrados y privilegiados de estar ahí para ayudar a criarlos. No éramos sus amos o dueños. No proyectamos en ellos nuestras propias expectativas. Nunca sentimos necesidad de compararlos, para bien o para mal, con ninguna otra persona. Fue nuestra manera de hacerlos sentir completos en sí mismos.

- Les dijimos que poseían dones que les permitirían influir en la vida de otras personas. También que tenían la capacidad para cambiar y crear lo que desearan en su propia vida.

- Les hablamos desde muy pequeños sobre el éxito que es verdaderamente importante: realizar las metas valiosas y significativas para ellos mismos, metas que les produjeran felicidad. Era la mejor manera que conocíamos de aportar felicidad y sentido a los demás.

- Por último, alentamos sus sueños. Fue nuestra manera de decirles que confiaran en sus propios deseos, el más alto camino hacia el mundo interior.

Sin ser padres perfectos y apartándonos muchas veces de nuestros ideales, como es natural, mi esposa y yo encontramos la forma de criar a nuestros hijos a través de la inspiración. La palabra "inspirado" significa en realidad mostrar a un niño cómo permanecer "en espíritu", es decir, "inspirar el aliento divino". Eso también les mostró lo que significa tener entusiasmo, palabra derivada del griego *en theos*, es decir, "en Dios".

Este último punto quizá sea el más importante. Como padres, si realmente deseamos enseñarles a nuestros hijos leyes espirituales de una manera práctica, debemos saber si lo estamos logrando o no. La forma más fácil de saberlo es ver si nuestros hijos se sienten inspirados y llenos de entusiasmo. La inspiración, el deleite y el entusiasmo son cualidades del espíritu. Sin ellas no hay vida espiritual a ninguna edad.

Sea ésta la oportunidad de expresarle mi profundo agradecimiento a mi esposa, Rita, cuyo instinto por el amor y la bondad fue siempre la luz en mi camino. El hecho de dejarnos llevar por sus instintos espirituales también determinó las cosas que *dejamos de hacer* como padres. No exigimos obediencia ni nos entronizamos como autoridades. No pretendimos saberlo todo siempre. No suprimimos nuestros sentimientos ni les dimos a entender a nuestros hijos que hacerlo era bueno para ellos. Y nos esforzamos todos los días por animarlos a vivir sus propias vidas, no las vidas que lamentábamos no haber vivido nosotros.

Todas estas prácticas se pueden reducir a un solo precepto: *todo niño necesita tanto amor maduro como podamos darle*. La madurez del amor —y no sólo su llegada a la edad adulta— radica en la intención espiritual que lo motiva. El nacimiento de un bebé es el primer acto de gracia que nos lanza a ser maestros del espíritu. El segundo es la gracia del amor, la cual guía nuestras intenciones a través de los años. El amor nos eleva por encima de nuestras debilidades individuales y, al hacerlo, enseña a nuestros hijos las lecciones más profundas y valiosas.

PARTE DOS

Las siete leyes espirituales en la práctica

Hay dos cosas duraderas que podemos
aspirar a dejarles a nuestros hijos;
la primera es raíces, y la otra, alas.

HODDING CARTER,
PERIODISTA Y EDITOR

Las siete leyes espirituales se pueden incorporar a la vida familiar desde cuando los niños están muy pequeños. Si se hace con naturalidad, sin presiones ni imposiciones, los niños crecerán viendo un ejemplo vivo de la forma como el espíritu engendra el éxito.

Los niños irán comprendiendo el significado de las leyes con el tiempo. Recordemos que los hijos aprenden principalmente de lo que ven en sus padres, no de lo que éstos dicen. Nuestra práctica es siempre la influencia más positiva. Nuestros hijos nos necesitan como modelos y ejemplos; en ese sentido, su práctica espiritual consiste

en observarnos desde muy temprana edad. Si nos ven
crecer, cambiar y encontrar mayor felicidad y sentido en
la vida, la expresión "estar en armonía con el universo"
adquirirá para ellos una fuerza práctica. Querrán lo mismo
para ellos, aunque todavía no comprendan los principios
que están en juego.

En las páginas siguientes he esbozado un programa diario para la familia. Cada día de la semana está
dedicado a una ley, comenzando con el domingo y
la ley de todas las posibilidades. En nuestra familia
dedicamos un tiempo todos los días a reflexionar
sobre el significado de cada ley y tratamos de buscar
ejemplos de la manera como esa ley se nos manifestó
ese día.

En general, toda práctica espiritual se basa en un
estado de alerta —con sólo prestar atención a las siete
leyes espirituales invocamos su poder organizador en
nuestra vida.

La rutina de cada día también contiene tres actividades que les ayudarán a concentrar su atención en la
ley que corresponde a cada día. El domingo, las tres
actividades son meditar en silencio, entrar en comunión
con la naturaleza y abstenerse de juzgar. Todos los
integrantes de la familia, padres e hijos, deben acordar

dedicar un tiempo a dichas actividades, ojalá de manera compartida.

En total, estas tres actividades toman apenas unos minutos, máximo media hora. Además, prestar atención no es cuestión de tiempo sino de utilizar el estado consciente. Basta un segundo para tomar nota de algo bello. No se necesita tiempo para dejar de juzgar si otros proceden bien o mal.

Cada día culmina a la hora de cenar, cuando hablamos de lo que hemos hecho, observado y aprendido. Es una charla casual y natural. Quienquiera que desee hablar lo hace, con tantas o tan pocas palabras como le parezca bien. Al principio, cuando apenas comienzan a familiarizarse con las siete leyes espirituales, es posible que ustedes como padres tengan que empujar a sus hijos un poco para que comenten su día, pero muy pronto ellos comenzarán a tomar la iniciativa —después de todo, es la hora para ser escuchados y recibir la atención de los padres de una manera enteramente positiva.

El domingo

es el día de la potencialidad pura.

Hoy les decimos a nuestros hijos que todo es posible independientemente de lo que pase.

Como padres, el domingo convenimos en hacer las siguientes cosas con nuestros hijos:

1. Dirigirlos en una meditación silenciosa de unos pocos minutos.

2. Inspirarlos para que aprecien la belleza y la maravilla de la Naturaleza.

3. Mostrarles las posibilidades ocultas en situaciones conocidas.

Cualquiera puede contar las semillas
de una manzana; nadie puede contar
las manzanas que brotarán
de una semilla.

ANÓNIMO

El domingo la familia se concentra en la idea de que cualquier cosa es posible. El terreno en el cual todo es posible es el espíritu; él es nuestra fuente. Cada quien lleva adentro la semilla de la creatividad, la cual puede brotar en cualquier dirección. Nada nos limita, salvo nosotros mismos, porque el aspecto más real de cada persona es su potencial ilimitado.

Al conectarnos con nuestra fuente activamos todas las posibilidades en la vida real. En la práctica esto implica destinar tiempo para experimentar el espacio silencioso de la conciencia pura. Es preciso enseñarles a los niños que el silencio es el hogar del espíritu. Todas las demás voces hablan fuerte, mientras que el espíritu se comunica sin emitir sonido alguno.

Estar en contacto con el terreno de todas las posibilidades implica que nosotros somos nuestro propio punto de referencia, es decir, que cuando buscamos orientación miramos hacia nuestro interior. La auto-referencia conduce a una realización del espíritu que no es posible a través del éxito material. La razón por la cual anhelamos el éxito es para cumplir nuestro potencial de felicidad y sabiduría, no sólo el de poseer cada vez más cosas. El domingo es un buen día para cimentar toda la semana sobre esas nociones.

Con los niños suele ser más eficaz utilizar el vocabulario del corazón que palabras abstractas como *potencialidad*. "Escucha a tu corazón, él sabe" es una buena forma de comenzar, junto con frases como:

Pon el corazón en llegar a ser todo lo que puedes ser.
Cualquier cosa es posible en el corazón.
Tú sabes con el corazón que las cosas saldrán de la mejor manera posible.
Si tu corazón es puro, podrás conseguir lo que desees.
Independientemente de lo que parezca estar sucedien-

do a tu alrededor, sabrás con el corazón que podrás
lograr lo que te propongas.

También es importante aclarar que *corazón* no es sinónimo de emociones. El corazón es un centro espiritual que contiene silencio y sabiduría. No hay duda de que el corazón es la fuente de las emociones más verdaderas, como el amor y la compasión, pero debemos tratar de que nuestros hijos identifiquen al corazón como el lugar donde reside el sentido del "yo soy". Es la semilla de inspiración a partir de la cual fluyen todas las posibilidades; es nuestra conexión con el terreno del potencial puro. Toda persona que ha conocido el éxito lo siente en el fondo de su corazón.

Domingo con los niños

Las tres actividades para el domingo son meditar, apreciar la belleza y la maravilla de la naturaleza y aprender a ver posibilidades nuevas en situaciones conocidas.

1. Los adultos de la familia deberán meditar en

silencio durante 15-20 minutos, tanto en la mañana como en la tarde. Los niños pueden ser entrenados en esta práctica gradualmente. Desde la edad de seis o siete años conviene comenzar a enseñarles a los niños que unos pocos minutos de soledad y silencio todos los días son buenos. Antes de esta edad no se debe tratar de suprimir la energía y el entusiasmo naturales de la infancia.

El silencio interior es una experiencia delicada que no puede florecer sino hasta cuando comienza a madurar el sistema nervioso. Hasta los 12 años aproximadamente, basta con dar ejemplo. En lugar de insistir en que la meditación se incorpore a la rutina diaria, busque oportunidades de calma para invitar al niño a sentarse en silencio con usted durante unos minutos (preferiblemente durante su meditación) y a respirar tranquilamente con los ojos cerrados. Pídale que sienta el ritmo de la respiración al inhalar y exhalar. A un niño mayor se le puede pedir que visualice la respiración como una luz de color azul y blanco que entra y sale por la nariz. Anímelo a hacerlo;

demostrarle que usted disfruta su propia meditación es un buen aliciente.

Al principio es suficiente dedicarle cinco minutos a este ejercicio simple de respiración. Hacia los 10-12 años, auméntelo a 15 minutos.

No pierda la paciencia si sus hijos no aceptan sentarse en silencio cada vez que los invite. Si no logran permanecer quietos, permítales salir mientras usted continúa con su meditación. Ver el placer que usted siente con esta práctica atraerá al niño de manera natural.

¿Cómo debe ser su propia meditación? Yo prefiero la meditación con la respiración descrita anteriormente, o la meditación con sonidos primordiales que enseñan en algunos centros.

La meditación sin conocimiento pierde la mitad de su valor, de manera que cualquier cosa que usted les pueda contar a sus hijos sobre los beneficios de la meditación será un gran factor de motivación. El silencio interior promueve la claridad mental; nos permite valorar nuestro mundo interior; nos enseña a buscar nuestra fuente interior de paz e inspiración cada vez que enfrentamos un problema o un desafío.

2. La naturaleza respira el aliento del espíritu. Su belleza refleja el asombro del alma ante el hecho de estar aquí. Así, cada vez que usted destine tiempo para visitar la naturaleza —caminar en un parque, recorrer caminos rurales, almorzar en la playa o en las montañas— podrá ver creatividad infinita en la más pequeña de las flores. Me encanta esa frase que dice que "el límite de lo que podemos recibir de Dios es nuestra capacidad para apreciar sus dones". En lo que se refiere al éxito, esto es completamente cierto —vemos todo lo que nuestra visión nos permite ver. La naturaleza es el lugar perfecto para ampliar nuestros horizontes.

A los niños les encanta la inspiración que reciben de las maravillas naturales y usted como padre puede reforzar esa experiencia señalando la libertad y la expansión que se sienten al estar cerca de la naturaleza. La sensación de omnipotencia nos invade cada vez que contemplamos el inmenso cielo o la magnificencia de una cordillera. Las personas que se concentran en los aspectos físicos de la naturaleza tienden a fijarse en la pequeñez del ser humano en medio de la grandeza del universo, pero esto no es cierto en el plano espiritual. Desde el punto de vista espiritual, los paisajes infinitos del mundo natural nos hacen sentir que podemos ser uno con el infinito.

3. Cada segundo de tiempo es una puerta hacia un mundo de posibilidades infinitas. Pero si no estamos abiertos a ellas, su magnitud se reduce. Por tanto, es importante enseñarles a los niños a buscar siempre algo nuevo en toda situación conocida. ¿Qué se necesita para ver cosas nuevas? Perspicacia y sensibilidad, una actitud no juzgadora y voluntad para estar abiertos. El éxito gira alrededor de todas esas cosas, y usted podrá enseñarlas cada vez que formule esta pregunta simple: "¿Hay otra forma de ver esto?"

Siempre la hay. Por ejemplo, a un amigo mío lo invitaron a comer recientemente y, al entrar, sus anfitriones le advirtieron que no le prestara atención a Claudia, la hija más pequeña de la familia, si no probaba bocado. "Tenemos problemas con ella, pues tiene seis años y simplemente no quiere comer", le dijeron los padres de Claudia. Tan pronto se sentaron a la mesa, Claudia comenzó su acostumbrada retahíla de quejas y preguntas: "A mí no me gusta eso", "¿Qué es esto?", etc., a lo cual sus padres respondieron con un consabido "Es lo único que hay". En otras palabras, todos los implicados en la situación estaban repitiendo aquellos pensamientos que nos mantienen presos en viejos y trillados modelos.

Movido por un impulso, mi amigo se acercó a Claudia y le susurró: "Tu comida se ve deliciosa; si no la quieres, yo me la comeré". Luego tomó su cuchillo y trazó una línea por todo el centro del plato de Claudia. "Esto es lo que haremos", dijo, "todo lo que hay de este lado de la línea es mío y no lo puedes tocar por nada del mundo". Todo esto dicho en un tono juguetón. Claudia abrió los ojos con desconcierto; para ella la hora de la comida siempre era como un juicio, el campo de batalla en el que libraba una lucha de poder con sus padres. Y ahora mi amigo la estaba convirtiendo en un juego. Luego él miró a los demás asistentes y dijo en voz alta: "Claudia no se va a comer mi comida, ¿o sí? Ella no haría eso, ¿verdad?"

Por supuesto, Claudia no pudo hacer otra cosa que comerse todo lo que había en el lado del plato que "pertenecía" a mi amigo tan pronto como pudo. Simplemente, la tentación de jugar el juego fue demasiado grande. Éste es un buen ejemplo de la manera como el ejercicio de replantear una situación en otros términos le permitió a todo el mundo, incluidos los pades, romper las viejas barreras.

Sin darnos cuenta, cada quien impone límites a su forma de percibir el mundo. Tenemos a nuestros pies posibilidades infinitas e ilimitadas y, no obstante, no las aprovechamos —o lo hacemos muy rara vez— porque nuestro condicionamiento pasado nos obliga a emitir juicios en todo momento. La mente nos dice:

No me gusta.
No lo puedo entender.
Ya sé todo al respecto.
Está mal (o es malo o aburrido).
No hay nada que pueda hacer al respecto.

Éste es un buen día para que la familia tome nota de las múltiples veces que pronunciamos tales afirmaciones. Salen de nuestra boca todo el tiempo. Algo o alguien se cruza en nuestro camino e instantáneamente emitimos un juicio, el cual obstruye el flujo de nuevas posibilidades. Así, cuando note esta actitud aunque sea por un instante, cambie su percepción. Pídales a sus hijos que busquen nuevas cualidades en sí mismos o en los demás; pídales que abran la imaginación. Fomente la fantasía, la experimentación y la tolerancia.

Si logra enseñarles a sus hijos aunque sea solamente esto, habrá contribuido a su éxito mucho más que con cualquier otra cosa, porque éxito es aprovechar las oportunidades que otros han dejado pasar.

Cuando los niños mayores están listos para asimilar conceptos más abstractos, es de gran valor enseñarles a no juzgar. No juzgar implica no calificar a las demás personas y sus conductas como "buenas" o "malas". Es el primer paso para desarrollar actitudes maduras como la aceptación, la no violencia y la compasión por la vida.

Emitir juicios no forma parte del enfoque espiritual de la vida. Todos proyectamos negatividad sobre las demás personas solamente porque confundimos nuestras reacciones emocionales con la realidad. Nos parece que son los demás quienes nos hacen sentir airados, temerosos, afligidos, etc., y que ellos son los culpables de la negatividad. Desde el punto de vista espiritual, la ley de la potencialidad pura nos dice que nadie puede ser calificado o juzgado porque la vida es el conjunto de todas las posiblidades; todo está dentro de nosotros. Ninguna cosa de nuestra naturaleza puede ser creada o destruida por alguien "ajeno a nosotros". Esa persona que nos provoca ira o temor puede ejercer el efecto contrario sobre alguien más. Por lo tanto, vale la pena destinar algo de tiempo este día para ver a todo el mundo a la luz del amor, para no juzgar y para no calificar a nadie de bueno o malo.

No es fácil comunicar la noción de no juzgar a los niños pequeños. Hasta una frase tan simple como "No digas que tu hermanito está equivocado" crea confusión, porque puede interpretarse fácilmente como una reprimenda. Cada vez que usted utiliza una expresión como "no" o "deja" o "no hagas", está emitiendo sus propios juicios. Es mucho mejor adoptar un enfoque positivo: pídale a cada uno de sus hijos que identifique algo bueno o digno de amar en otro niño. Que ésa sea la tarea del día, la cual se analizará posteriormente a la hora de la cena.

En realidad nadie debe sentirse demasiado viejo para jugar este juego tan simple, aunque a los niños mayores usted sí puede empezar a pedirles

que asuman responsabilidad por lo que sienten.
Esto significa que el niño comience a reconocer
la diferencia entre "Hiciste algo que me hizo en-
furecer" y "Tengo sentimientos de ira que yo
mismo debo manejar".

Sin embargo, no conviene presionar en este frente
puesto que se necesita toda una vida para asumir
con madurez la responsabilidad por nuestros
sentimientos. La proyección es una fuerza poderosa. Pero si usted enseña aceptación y tolerancia
e inculca la creencia de que todas las personas
hacen lo mejor que pueden y que se las debe
ver en esa luz y no como nosotros esperamos que
sean, habrá recorrido buena parte del camino en
la enseñanza de la primera ley espiritual.

Reflexiones sobre la ley de la potencialidad pura

Todo fluye de la fuente infinita
que es Dios...

Dios es parte de todo niño
y conecta a cada niño con la fuente.

Puesto que Dios es el creador
de todo lo que existe, los niños deben aprender a
creer que todo es posible en la vida.

Todos podemos entrar en contacto
con la semilla de Dios que reside
en nuestro interior...
Cada día trae una oportunidad para regar
esa semilla y verla crecer.

Cuando un niño se sienta pequeño
y débil, recuérdele que es hijo del universo.

El lunes

es el día del dar.

Hoy les decimos a nuestros hijos que
si desean algo deben darlo primero.

Como padres, el lunes convenimos en hacer las siguientes cosas con nuestros hijos:

1. Invitarlos a darle alguna cosa a otro integrante de la familia.

2. Animarlos a que reciban con gratitud.

3. Compartir un breve ritual de gratitud por los dones de la vida.

Dale al mundo lo mejor de ti,
y eso mismo recibirás.

Si deseas recibir, primero debes dar.

Da mucho más aquel que da con alegría.

En este día nos concentramos en las distintas maneras como podemos dar a los demás. Puesto que no hay dar sin recibir, completamos el ciclo tomando nota de ese aspecto también. Así, el dar aparece como una corriente en constante movimiento, la circulación de todo lo que hay en la creación. Crear algo implica tomar una semilla o una inspiración y darle vida. En el acto de dar, la semilla crece, los frutos se multiplican y la inspiración cobra forma.

En el plano espiritual, el éxito depende de atender a las leyes que gobiernan el funcionamiento de la naturaleza, y la ley del dar es una de las más valiosas. Muchos maestros espirituales han enseñado, como lo explica el yogui moderno Shivananda, que "dar es el secreto de la abundancia". No hay misterio alguno en esto; siempre ha sido cierto que para obtener amor primero es preciso darlo, y que Dios da todo por amor. Cuando damos, demostramos comprender que el espíritu es la fuente de todos los dones.

No siempre es fácil resistir la tentación de tomar y acaparar muchas cosas. La razón de esa tendencia es la ignorancia de las leyes espirituales. A los niños les encanta dar y cuando comienzan a no hacerlo es porque están reflejando las actitudes que ven en los adultos. Aunque un adulto repita constantemente a su hijo cosas como: "Aprende a compartir", "Sé bueno y dale un poco a tu hermanito", "Sé buena y recibirás un premio", podría estar comunicando al mismo tiempo, en un plano más profundo, su temor a la carencia y la escasez, y la necesidad de su ego de poseer y aferrarse a las cosas. Estas

nociones, tan arraigadas en nuestro pensamiento, derro-
tan el espíritu de dar. Dedicar este día al espíritu de dar
es mucho más importante que aquello que usted da en
términos materiales.

Lunes con los hijos

Salvo para los más pequeños, el lunes es día de asistir
a la escuela, de manera que es necesario hablar de la
ley del dar a la hora del desayuno y de la cena. En la
mañana establecemos el programa del día; durante la
cena compartimos lo que hayamos logrado y aprendido.
Lo mismo se aplica a todas las demás leyes que se practican
durante la semana escolar. (Vale la pena recordar que
los minutos de silencio que se practican el domingo se
deben repetir todos los días, durante los momentos de
la mañana y la tarde que usted destina a su meditación.)

Las tres actividades para el lunes consisten en dar
algo a otra persona de la familia, recibir con gratitud y
realizar un breve ritual de gratitud.

1. Debe ser una práctica familiar que cada miem-
    bro le dé algo a alguien más. Estos regalos no

deben ser actos muy planeados o pensados. Regalar una sonrisa, una palabra de aliento o ayudar con algún oficio es algo natural y simple. También es algo que tiende a perdurar, porque el acto simple de dar en el hogar cultiva el deseo de servir. El éxito se combina con la realización cuando tiene un ingrediente importante de servicio.

En algunas familias, esta cuestión de dar, compartir y servir se puede convertir en todo un problema. Los niños sienten el impulso natural de dar y es una lástima que haya personas que repitan irreflexivamente que los niños son egoístas de nacimiento. El egoísmo se debe a que el niño pequeño no comprende todavía la forma como funcionan las cosas. Para un pequeño, soltar un juguete equivale a perderlo para siempre; agarrar un dulce es una respuesta natural porque el niño todavía no se da cuenta de que hay muchos más dulces, o de que es posible compartir el único que hay.

Observando a mis hijos cuando eran pequeños, descubrí que sus ojos se iluminaban cuando tenían la oportunidad de dar, y no porque pensaran que recibirían algo a cambio. Las dudas acerca de que el universo nos devuelva las cosas aparecen cuando el temor, la carencia, el abandono y la codicia comienzan a llenar nuestra mente. Sin la influencia de esos sentimientos negativos, vemos con claridad absoluta que la vida es un flujo de infinidad de cosas, algunas materiales y otras no. Por ejemplo, ¿cuánto hemos tenido que pagar por el aire, la lluvia y el sol que nos mantienen vivos?

Cuando las personas olvidan cómo dar, han regresado a un estado primitivo de la conciencia —creen que si dejan ir algo, lo perderán para siempre. Olvidan que recibimos únicamente porque el universo desea que experimentemos en nosotros mismos su significado interior. En cada cosa que recibimos hay una lección espiritual. Ninguna cantidad de bienes materiales puede reemplazar la satisfacción, la alegría y la realización interior que se supone que vienen con ellos.

Usted debe concentrarse con sus hijos en lo que
se siente al dar. Para cerciorarse de que el sentimiento sea placentero, comience trabajando el
concepto de dar como un acto de compartir. Hasta
un niño de tres o cuatro años puede sentir el
placer de dar a un amigo un dulce si tiene dos
en la mano. A los niños un poco mayores se les
puede enseñar a dar cosas menos tangibles, como
una sonrisa, una palabra amable, o una ayuda
a alguien que la necesite. Que ésas sean las metas
del día, para analizarlas posteriormente a la hora
de la cena.

Con los niños de más edad, doce años y más,
el énfasis cambia nuevamente. Ya tienen edad
suficiente para aprender a dar cuando es difícil
hacerlo, cuando son presa de la tentación de
aferrarse a las cosas o ser egoístas. Es en esta edad
que podemos hablarles de cómo la actitud de aferrarnos a las cosas produce dolor y nos hace aparecer egoístas ante los demás. Aprender a felicitar
al ganador del juego que acabamos de perder,
a tratar a un recién llegado con amabilidad e in-
cluirlo en el grupo, y a ofrecer ayuda con tacto

y humildad son lecciones apropiadas para los niños mayores.

2. Recibir con gratitud es un arte que no se puede fingir. Si bien hay más bendiciones en dar que en recibir, es mucho más difícil recibir que dar. El orgullo nos impide recibir con gratitud porque sentimos que no necesitamos la ayuda, la caridad o los buenos oficios de nadie, o porque nos sentimos incómodos. Todas éstas son reacciones del ego y no hay necesidad de sentirlas cuando reconocemos que el que da jamás es el dador, así como tampoco quien recibe es el receptor. Los dos no son otra cosa que representantes del espíritu.

Cada soplo de aire que respiramos es un regalo y, en la medida en que sepamos reconocerlo, sabremos que recibir de otra persona es símbolo de recibir de Dios. Cada presente es un gesto de amor en representación del amor divino y debe aceptarse como tal. En el caso de los niños más pequeños, esto no es problema —adoran recibir y no tienen dificultad alguna en inflamarse de gratitud.

A medida que los niños crecen, la aparición de las necesidades e impulsos del ego empañan en cierto modo la situación. Todos hemos experimentado ese "gracias" forzado que un niño pronuncia bajo la presión del padre, sin sentimiento alguno de gratitud. La única manera de cambiar esa actitud es hacer que el niño continúe prestando atención a lo que siente cuando recibe. Si lo hace desde temprana edad, jamás dejará de sentir el calor y la alegría que surgen naturalmente del acto de recibir. Todos, a cualquier edad, debemos sentirnos agradecidos a fin de proyectar gratitud. Esos sentimientos se cultivan enseñando que todas las cosas nos llegan de la fuente universal. Cada vez que recibimos se nos permite vislumbrar el amor divino, a través de quien quiera que represente dicho amor en ese momento.

3. Un ritual de gratitud, compartido en familia, es una linda manera de reconocer el don de la vida. Podría realizarse tomándose todos de las manos a la hora de la cena para dar gracias, no sólo por los alimentos sino por todo lo que se ha dado ese

día. Pídale a cada uno de los miembros de su familia que mencione una cosa, por ejemplo: "Agradezco la belleza de la mariposa que vi camino a casa desde la escuela", "Me siento agradecida porque todos estamos bien y felices", "Doy gracias por haber sido elegido para actuar en la obra de teatro de la escuela", etc.

En muchas familias, el ritual de dar gracias ha decaído hasta perder todo significado. Para corregir esta situación es preciso realizar un esfuerzo *consciente*. Debemos estar conscientes para recordar que la vida es un don, por muy abrumados que estemos por otros pensamientos y afanes. La dicha y el entusiasmo que podamos sentir por el espíritu se reflejará en nuestra vida.

Reflexiones sobre la ley del dar

*Todas las cosas buenas están en
movimiento; se niegan a estar prisioneras
en un solo sitio.*

*En el ciclo de la naturaleza,
con el dar viene el recibir y con
el recibir viene el dar.*

*Todos hemos recibido ya el don
más grande de Dios —el potencial
para crecer.*

*Cuando damos, mostramos aprecio por
la fuente de todas las cosas.*

Sólo retenemos aquello que compartimos.

El martes

es el día del "karma".

Hoy les decimos a nuestros hijos que cada vez que eligen un camino, modifican el futuro.

Como padres, el martes convenimos en hacer las siguientes cosas con nuestros hijos:

1. Hablar sobre alguna decisión que hayan tomado en el día.

2. Hacerles ver de qué manera nuestro futuro fue modificado por una decisión tomada en el pasado.

3. Explicarles el bien y el mal a través de las sensaciones provocadas por nuestras decisiones.

Ciertas son las bendiciones emanadas
de toda buena acción.

BUDA

He encerrado la palabra "karma" entre comillas por
tratarse de un término especializado, pero en realidad
"karma" es todo lo relacionado con el fenómeno causa-
efecto. Todos los días se presentan en la vida de los niños
preguntas tales como "¿Por qué debo elegir esto en lugar
de aquello?" o "¿Qué sucederá si manejo el problema
de esta manera en lugar de aquélla?" Nuestros hijos deben
saber que toda decisión que tomen creará resultados
buenos o malos para ellos —en otras palabras, cada decisión cambia el futuro.

En términos vulgares, el karma suele entenderse como
el hecho de atraer premios por las buenas acciones y
castigos por las malas. Los padres lo traducen en un sistema
de premio y castigo, pero sin enseñar lo más esencial:
que la naturaleza misma se ocupa de este asunto. La

gente suele decir con cinismo que "la vida es injusta", cuando en realidad es todo lo contrario desde el punto de vista del karma: la vida es completamente justa. Pero la vida funciona en planos muy profundos y ocultos, y los efectos pueden ser resultado de causas de niveles diferentes. No es cosa nuestra juzgar el resultado que una acción merece sino observar atentamente la forma como funciona la relación causa-efecto para luego adaptar nuestro comportamiento de acuerdo con ella.

Aquí las siete leyes espirituales parecen entrar en conflicto con la opinión generalizada, puesto que la ley del karma dice que no existen la injusticia, los accidentes ni las víctimas —que todas las cosas se ordenan conforme a un ineludible sistema cósmico de causa y efecto. Karma no es fatalismo; no establece que la gente tenga que sufrir, sino que el libre albedrío es absoluto. No hay un poder divino que nos proteja de las malas decisiones, como tampoco hay una cláusula de escape que anule la ley universal según la cual "cosechamos lo que sembramos".

Así, el karma implica conciencia en varios campos: observar la forma como se toman las decisiones, evaluar su resultado y oír al corazón, ese sitio donde sutiles señales emocionales nos indican si hemos obrado bien o mal.

Todas estas estrategias se pueden comunicar a los hijos al enseñarles a elegir. Hacer elecciones, con toda su complejidad es un elemento fundamental del éxito en la vida, puesto que éxito no es más que el nombre que damos a los resultados favorables que deseamos obtener a través de nuestras acciones.

Martes con los hijos

Todas las actividades para este día se centran en hablar acerca de las decisiones —la manera de tomarlas, la forma como modifican la vida, los resultados que esperamos obtener al optar por un camino u otro.

1. Hable con sus hijos acerca de una decisión que hayan tomado hoy. En esto no hay límite alguno, puesto que cada momento encierra miles de decisiones —basta con pedirles que hablen de lo primero que se les venga a la mente. Cualquiera que sea la decisión —hacer una nueva amistad, comprar algo, negarse a jugar con A o B— exploren juntos lo que sucede cuando se elige un camino. Sin establecer reglas inamovi-

bles (lo cual podría destruir la espontaneidad de la charla), usted puede comenzar a enseñarles a sus hijos los intrincados mecanismos de la causa y el efecto, de sembrar y cosechar.

Cuando el niño mencione una decisión, analícela cariñosamente con preguntas tales como: "¿Cómo te sentiste con respecto a eso?", "¿Qué crees que pueda suceder?", "¿Qué harás si sucede otra cosa?" Las decisiones son íntimas y personales y por mucho que usted desee controlar la manera como sus hijos eligen a sus amigos, sus actividades, sus pasatiempos, las materias de la escuela, etc., la mejor forma de influir en ellos es enseñarles a ser sensibles y conscientes ante sus decisiones.

Los niños pequeños suelen hacer elecciones de manera simple e indiscriminada. Tan pronto como aprenden a hablar, automáticamente dicen cosas como "Yo lo hago" y "Yo quiero". Ésta es una afirmación de su voluntad, la cual es el motor de las decisiones. Sólo más adelante comienza el niño a darse cuenta de que sus de-

cisiones generan consecuencias. Al ego le disgus-
ta ser contrariado y sería el director soberano de
nuestra vida si nuestros actos erróneos no provo-
caran resultados negativos. Por tanto, el karma
nos enseña constantemente a discriminar entre
lo que deseamos y lo que sabemos que es bueno
para nosotros.

Este tema surge de manera natural en la vida de
cada niño. Los niños siempre desean más de lo
que reciben, y nuestra tarea consiste en mostrarles que la capacidad de hacer elecciones no es
un torrente insaciable de exigencias caprichosas.
El universo oye las decisiones desde la profundidad a la cual se toman. Optar por el amor y
la verdad, por ejemplo, es algo muy profundo y
trae buenas retribuciones. Elegir el egoísmo es
algo superficial y trae exiguas recompensas.

No creo que sirva de nada usar la vieja frase
"Toda buena acción es su propia recompensa".
Esto implica un universo ciego e indiferente.
Todos los maestros espirituales han afirmado que
Dios o el espíritu premia la virtud; nada queda

sin recompensa, en el sentido de que ninguna acción ocurre en el vacío. El karma es como un computador que arroja resultados acordes con lo que recibe, pero con una dosis de gracia añadida. Si fuésemos omniscientes en todos los planos, como lo es Dios, aceptaríamos todo resultado considerado negativo, porque reconoceríamos que *no habría podido ser mejor.*

El hecho de que cada acción genera el mejor resultado posible es una ley conocida como *gracia.* La gracia es la forma amorosa como Dios organiza el tiempo y el espacio; nos da la libertad de hacer lo que deseamos, y los resultados de nuestros actos, ya sean agradables o desagradables, llegan en el momento perfecto para que podamos aprender de nuestras decisiones. En otras palabras, todo lo que nos sucede refleja el amoroso cuidado de nuestro bienestar.

Así, los niños deben aprender que el placer y el dolor no son la indicación última de que un acto sea bueno o malo para ellos. Observando la forma como funcionan la causa y el efecto, el niño reconoce gradualmente que la vida es un proceso de aprendizaje en muchos niveles. Muchas veces podemos juzgar una acción solamente sobre la base del placer o el dolor que causa, pero otras veces hay muchos otros factores de por medio.

2. A medida que los niños crecen, es bueno contarles historias sobre las decisiones que han afectado nuestra propia vida. Los niños saben por intuición que la vida es una búsqueda; quizás deban aprender que el futuro depende de las decisiones que tomen, pero a nivel emocional intuyen que los adultos han tomado muchas decisiones importantes. Cuando les hable a sus hijos sobre sus propias decisiones, no lo haga en tono de lamento. Decirles: "Cometí un error cuando hice esto, de manera que me aseguraré de que tú nunca hagas lo mismo" puede ser una actitud bien intencionada, pero recuerde que sus hijos querrán ensayar un poco de todo. Eso es inevitable. Además, el deseo de los padres es que los hijos tengan mucho más para elegir, no menos, y el mayor número de posibilidades puede llegar

a ser abrumador a menos de que venga acom-
pañado de una verdadera capacidad para elegir.

3. Hábleles a sus hijos sobre lo que se siente cuando
se toma una decisión en lugar de otra. La infancia es la edad en la cual decidimos por primera
vez si los resultados son más importantes que las
emociones. Por tanto, las conversaciones deben
girar sobre temas cercanos al niño: "Ustedes
ganaron el juego porque no escogieron al niño
que no juega bien. Pero, ¿cómo te sentiste cuando lo miraste? ¿Cómo se sintió él?" O "Tus amigos
te pidieron que te escaparas de la escuela y ahora
temes que te traten de cobarde. Pero, ¿cómo te
habrías sentido sabiendo que no estabas donde
deberías estar?" O "No ordenaste tu cuarto cuando te lo pedí. ¿Sentiste algo al no hacerlo?"

El factor crítico para aprender a elegir sabiamen-
te no es en general la razón lógica por la cual
tomamos una decisión en lugar de otra, sino lo
que sentimos al tomar esa decisión. Esto se debe
a que, en términos espirituales, la intuición es
una facultad más sutil que la razón. Evaluar la

causa y el efecto es una labor más emocional que intelectual; el corazón siempre nos indica si una acción es buena o mala, o si está en la zona gris de la duda.

Desde una edad muy temprana se le puede enseñar al niño a notar si el hecho de hacer algo malo le causa malestar. Más adelante se puede introducir el concepto de la conciencia y, por último, hacia los doce años, se le puede comenzar a hablar de nociones más abstractas, como el vínculo íntimo entre nuestras actuaciones y sus resultados. No se trata de enseñarle que siempre hay que pagar cuando se hace algo malo, puesto que eso implica vivir bajo la amenaza de la ira divina. La ira divina no existe; la única razón por la cual algunos resultados nocivos parecen surgir de la nada es porque no estamos en contacto con los niveles más profundos de la naturaleza. Violamos las leyes espirituales por ignorancia.

Porque somos una sociedad orientada a los resultados, donde con frecuencia sólo se premia y enaltece a aquéllos que han alcanzado el éxito a través de medios dañinos tanto para ellos como para otros, a menudo pasamos por alto el valor esencial del karma. Sin embargo, desde hace un tiempo está de moda la noción de la "inteligencia emocional", la cual se ha relacionado estrechamente con el éxito. La inteligencia emocional se fundamenta en la empatía; habla de la forma como un acto puede afectar a otra persona; dice que sentimos de antemano lo que esa persona sentirá. Las decisiones que se toman pensando en el bienestar de los demás tienden a ser más exitosas que aquéllas tomadas pensando únicamente en nuestro propio interés. Este hallazgo puede parecer asombroso en medio de un sistema materialista de valores, pero es completamente previsible a través de la ley del karma. Preguntarles a los niños: "¿Cómo te sentiste al obrar así?" y "¿Cómo se sintió la otra persona?" es esencial tanto para la inteligencia emocional como para un buen karma.

Un aspecto crucial de la inteligencia emocional es aprender a postergar la gratificación. Los niños que aprenden a ser pacientes, a esperar los resultados en lugar de abalanzarse sobre la recompensa inmediata, tienen mucho más éxito en la vida que aquéllos que necesitan satisfacer sus caprichos inmediatamente. Esto es especialmente cierto en las relaciones, puesto que aprender a ver más allá de las reacciones inmediatas es el primer paso hacia la empatía; y sin empatía por los sentimientos de las otras personas es imposible consolidar relaciones duraderas.

Sin embargo, desde el punto de vista espiritual la inteligencia emocional está conectada con el importante aspecto de las fronteras del ego. Si sentimos que somos seres aislados en el tiempo y el espacio, desconectados de los demás, no hay razón para obedecer otra guía aparte de nuestros propios impulsos. Pero si reconocemos que nuestro ego no es nuestro verdadero yo, y que éste último se extiende sin límite por toda la naturaleza, entonces podemos darnos el lujo de ser altruistas, desprendidos y considerados porque, en el nivel más profundo, nos damos cuenta de que "tú" y "yo" somos uno. Por lo tanto, mis actos no se limitan a lo que "yo" deseo y los resultados no están restringidos a lo que me suceda a "mí". La vida toda está envuelta en una corriente de propósito divino, y es de gran valor para nuestros hijos aprender a observar el fluir de esa corriente, a ver la forma como sus vidas encajan en el universo, lo mismo que cada célula encaja en el cuerpo. Las lecciones de la inteligencia emocional pueden llevarse mucho más allá de las emociones, hasta el terreno de toda acción y reacción.

En términos prácticos, lo que hacemos este día es observar nuestras reacciones inmediatas y luego preguntarnos: "¿Hay algo más en esta situación?" Enseñémosles a nuestros hijos la noción de que toda situación contiene aspectos adicionales a lo que una sola persona puede ver. ¿Cómo ven otras personas la situación? Por ejemplo, ¿qué sintió el perdedor del juego que uno de nuestros hijos ganó? ¿Cómo se siente nuestra hija cuando otra persona lastima sus sentimientos? Demuestre que se puede llegar a la empatía cambiando el ángulo desde el cual vemos las cosas, poniéndonos en los zapatos de los demás. A través de esas instrucciones cariñosas sobre la forma como funcionan las cosas, usted logrará que el karma sea algo muy real y concreto para sus hijos.

Reflexiones sobre la ley del karma

*En el universo no queda ninguna
deuda sin pagar.*

*No hay que llorar las pérdidas —sólo se
pierde aquello que no es real y, al
desaparecer, permite ver lo real.*

*Para atraer amor y felicidad, haz lo que
puedas para darlos a los demás.*

*Si no ves inmediatamente los resultados de tus
actos —buenos o malos— ten paciencia y
observa.*

El miércoles

es el día del menor esfuerzo.

Hoy les decimos a nuestros hijos que no opongan resistencia y se dejen arrastrar por la corriente.

Como padres, el miércoles convenimos en hacer las siguientes cosas con nuestros hijos:

1. Encontrar algo divertido en por lo menos una tarea.

2. Reducir el esfuerzo que tenemos que hacer para realizar algo importante.

3. Identificar formas como la naturaleza nos haya ayudado.

> *Coopera con tu destino, no vayas en*
> *contra de él, no lo sofoques.*
> *Ayúdalo a realizarse.*

NISARGADATTA MAHARAJ

A pesar de su sencillez, la frase "ir con la corriente" tiene en realidad una gran profundidad espiritual. Heráclito, el filósofo griego de la antigüedad, declaró que la vida es como un río —no se puede entrar en el mismo punto dos veces. La existencia se renueva constantemente y, aun así, nuestra tentación es contestar siempre con reacciones viejas. Cuando nos sorprendemos resistiéndonos a algo —que es, básicamente, decir no— en general estamos tratando de imponerle una creencia o una costumbre vieja a una situación nueva.

La ley del menor esfuerzo nos pide que reconozcamos la frescura de la vida permitiendo su libre desenvolvimiento. Nos dice que debemos vivir el momento, buscar la ayuda de la naturaleza y dejar de culpar a los demás o a las cosas externas. En su fluir, el espíritu organiza los millones y millones de detalles que sostienen la vida —desde los infinitos procesos requeridos para mantener viva a una célula, hasta las enormes complejidades del universo en evolución. Al conectarnos con el espíritu, navegamos con el poder organizador del cosmos y lo aprovechamos.

Sin embargo, para muchos adultos el concepto del menor esfuerzo es difícil. Aunque nuestra tecnología busca constantemente maneras de ahorrar trabajo con máquinas más eficientes, traducir eso al plano humano no es fácil. El mayor obstáculo es nuestra ética del trabajo, según la cual el mayor esfuerzo trae más recompensas. Pero hay dos fallas en esto. Primero, la naturaleza misma opera a través del menor esfuerzo: según las leyes de la física, todo proceso, desde la rotación de un electrón hasta la rotación de una galaxia, debe funcionar de acuerdo con el gasto de energía más eficiente, ofreciendo la menor resistencia posible. Segundo, las fuentes del progreso humano han sido siempre las ideas, la inspiración y el deseo, los cuales nos llegan espontáneamente. No hay forma de forzar la inspiración, o el deseo o, incluso, las buenas ideas.

Aunque para nosotros es muy difícil ir con la corriente, para el niño es algo muy natural. Es mínima la instrucción que requieren los niños en este sentido antes de los seis años, puesto que los pequeños siempre toman el camino de menor resistencia —estiran la mano para tomar lo que desean, dicen lo que tienen que decir, expresan la emoción de cada momento. Además, su actividad principal no es el trabajo sino el juego. A los mayores se les pueden enseñar ideas relacionadas como no oponer resistencia, no estar a la defensiva y asumir responsabilidad por la manera como elegimos trabajar. La *aceptación* es un concepto clave porque cada vez que oponemos resistencia desperdiciamos gran cantidad de esfuerzo. La indefensión, o el no estar a la defensiva, es una actitud relacionada con la aceptación, porque el hecho de tener que defender nuestro punto de vista crea conflicto y caos, los cuales representan un desperdicio enorme de energía.

Tratar de salirnos siempre con la nuestra es una tentación que muy pocos podemos resistir, aunque la ley del menor esfuerzo nos dice que podemos obtener lo que deseamos a través de medios diferentes de la lucha y el conflicto. Podemos seguir el flujo del espíritu, confiados en que su infinito poder organizador se ocupará de nuestras necesidades. Así, la ley del menor esfuerzo nos aporta la fe y la paciencia. A todos nos han enseñado que el camino del éxito está sembrado de luchas y batallas. En realidad, es mucho más importante tener fe en nuestros deseos. Si creemos que los demás existen para cerrarnos el camino a la realización de nuestros deseos, no tenemos otra salida que estar constantemente a la defensiva. Por tanto, es de gran valor enseñarles a nuestros hijos que existe un poder que otorga nuestros deseos, el cual está mucho más allá del poder de las otras personas.

El tercer elemento en la ley del menor esfuerzo es la responsabilidad. A los niños se les debe enseñar también que el éxito y la realización vienen de adentro y que lo único que importa es el interior. Todos somos responsables por lo que sentimos, lo que deseamos y la forma como enfrentamos los desafíos de la vida. La manera de cumplir la más elevada de las responsabilidades no es trabajar hasta el cansancio, sino realizar el trabajo del espíritu con una actitud de alegría y creatividad. Ésta es la única manera de hacer posible una vida sin lucha.

Miércoles con los hijos

Las tres actividades para el día de hoy consisten en encontrar diversión en una actividad, reducir el trabajo e identificar formas como la naturaleza nos ayuda.

1. Las antiguas escrituras védicas de la India dicen que todo el cosmos es un *lila* o juego de los dioses —lo cual significa que éste es un universo de recreación. A través del ejercicio de encontrar algo divertido aunque sea en una de las actividades de hoy, les enseñamos a nuestros hijos la manera en que Dios enfrenta el trabajo. Como padres, podemos convertir una tarea en juego la mayor parte del tiempo, si eliminamos las presiones que hacen imposible la diversión. Dichas presiones son las advertencias, las amenazas, los plazos, el recurso de la culpa y ofrecer dinero u otros premios por el trabajo realizado.

A pesar de la ética del trabajo que llevamos arraigada en el corazón, es preciso reconocer ciertas verdades relacionadas con el trabajo:

El espíritu no busca culpables por el trabajo no realizado.
La vida no depende de que algo se haga o deje de hacerse.
El trabajo no es la fuente de la felicidad.
La actitud frente al trabajo es más importante que el oficio mismo.

Así, una tarea que nos da tiempo de realizarla con tranquilidad y comodidad es una tarea bien hecha. El opuesto de esta actitud es el perfeccionismo. El perfeccionismo emana del temor y el control. Enmascara el temor oculto de no poder sobrevivir si no hacemos las cosas exactamente como Dios las desea; lo cual implica que Dios es un amo despiadado y castigador.

En realidad, lo que Dios desea es que todos disfrutemos de este universo de recreación, y cuánto más pronto les enseñemos a nuestros hijos que está bien divertirse, mayor será nuestro aporte a su éxito. Por definición, las personas exitosas disfrutan lo que hacen. Han descubierto la única manera de explotar al máximo sus capacidades, que es estar relajados. La calma es requisito indispensable para esa expansión interior que nos permite expresar la fuente de inspiración y alegría que albergamos dentro de nosotros.

Cuando haya comprendido esto, sirva de ejemplo para sus hijos convirtiendo cualquier oficio —aspirar las alfombras, recoger el desorden, cortar el césped— en un juego o una fuente de estímulo. Usted puede cantar mientras saca la basura, o tratar de componer un poema mientras lava los platos.

Los juegos requieren un poco más de inventiva; por ejemplo: "Hoy no sólo vamos a aspirar la casa; vamos a buscar fantasmas. ¿Acaso ustedes no sabían que los fantasmas les tienen pánico a las aspiradoras? No las soportan". Éste puede ser un buen comienzo y luego usted puede pedirle a uno de sus hijos que sea el fantasma. Cuando "el fantasma" se haya escondido, su hermano podrá entrar con la aspiradora a la habitación en que se escondió y tratar de espantar al fantasma aspirando debajo de la cama, dentro del armario, detrás del sofá, etc. Cuando logren atrapar al fantasma, usted puede cambiar papeles con sus hijos y volverse el fantasma de la siguiente habitación. (Si usted sólo tiene un hijo, podrá hacer fantasmas de papel y esconderlos en distintas partes para que su hijo los encuentre, y ofrecerle un premio si los encuentra casi todos.)

El ejercicio de inventar juegos es una buena manera de corregir nuestra tendencia a olvidar que debemos acercarnos a la vida como si fuera un juego, el cual refleja el juego divino del cosmos. El proceso de madurar puede ser un proceso de adormecimiento, e incluso de muerte. Por eso, para combatir esta tendencia, encuentre la diversión que hay en sus actividades y la dicha que se esconde en el corazón del trabajo. Muéstreles a sus hijos que usted se está divirtiendo, y suspenda el trabajo tan pronto como la tarea pierda su atractivo o el juego se vuelva monótono. Un trabajo bien hecho no conlleva mal alguno, pero un trabajo realizado con actitud de fatiga, lucha e imposición sencillamente no vale la pena. Los resultados de ese trabajo se perderán tras la nube de negatividad que viene con ellos.

2. Destine unos minutos para que toda la familia se concentre en reducir el esfuerzo, el cansancio y el desgaste. Hablen durante la cena sobre situaciones en las cuales encontraron soluciones mucho más fáciles de lo que pensaron inicialmente. La idea es diluir la noción —que nos ataca desde todos los frentes— de que la vida es un problema. Desde el punto de vista espiritual, la vida no es un problema, sólo nuestras actitudes hacia ella son problemáticas. Sus hijos oirán a muchas personas hablar día a día de que las cosas son duras, difíciles, y que la vida es una lucha que puede llegar a ser abrumadora. (Si cree que esto no sucede entre los niños de edad escolar, sólo oiga cómo niños de tercero y cuarto de primaria ya se quejan de lo presionados que se sienten a realizar cosas, presión que ya comienza a mutilar su oportunidad de ser felices y que los obliga a convivir con la tensión desde una edad increíblemente temprana.)

Para reducir la cantidad de trabajo en una determinada situación a veces es necesaria una solución mecánica, como utilizar un computador más potente para resolver un problema técnico. Sin embargo, lo que hace falta con mayor frecuencia es un cambio de actitud. No hay nada más eficiente que el espíritu. La posibilidad de alcanzar el éxito es mucho mayor cuando logramos invocar al espíritu. El espíritu es la plenitud de la creatividad; ésa es la razón por la cual la palabra latina *genio* significa también 'espíritu'.

En la práctica, invocar al espíritu significa:

1. *Estar en buena disposición para trabajar.*
2. *Abordar las tareas con tranquilidad y confianza.*
3. *No imponernos un esfuerzo excesivo o demasiadas exigencias físicas (por ejemplo, trasnochar, trabajar horas adicionales, no comer ni consumir líquidos suficientes.)*
4. *Meditar con regularidad.*
5. *Pedir inspiración y esperar con paciencia mientras llega.*

6. *No oponer resistencia a los cambios de una situación.*

7. *Renunciar a salirnos con la nuestra.*

8. *No suponer que conocemos las respuestas de antemano.*

Repase estos puntos a la hora de la cena para reforzar los hábitos que desea que sus hijos comiencen a desarrollar.

3. Cuando el espíritu, o la naturaleza, viene en nuestra ayuda, suele hacerlo calladamente y sin hacerse notar. Por tanto, conviene inducir a los niños a que comiencen a tomar nota del espíritu tan pronto como sea posible. "¿Tuviste una idea nueva hoy?" "¿Te sorprendió la facilidad con la cual pudiste hacer algo que creíste que iba a ser muy difícil?" Usted puede comenzar con preguntas como éstas y luego relatar sus propios ejemplos. Haga énfasis en las soluciones creativas que lo hayan hecho sentir inspirado, por triviales que parezcan. Fomentar esa actitud desde temprana edad es la manera de abrir el camino a la inspiración en los años por venir.

Reflexiones sobre la ley
del menor esfuerzo

Haz todo lo que puedas por organizar tu vida,
pero recuerda que la naturaleza es la
organizadora por excelencia.

No trates de controlar el curso del río.

En los momentos de mayor productividad
y creación, la naturaleza
no trabaja... juega.

El mejor trabajo sale de nosotros
sin esfuerzo.

Al final de nada sirve oponer
resistencia a la vida.

Ábreles la puerta a los dones del espíritu.

El jueves

es el día de la intención y el deseo.

Hoy les decimos a nuestros hijos que
cada vez que tienen un deseo o una necesidad,
plantan una semilla.

Como padres, el jueves convenimos en hacer las siguientes cosas con nuestros hijos:

1. Hacer una lista detallada de todos nuestros deseos para la semana.

2. Liberar nuestros deseos para que la naturaleza los haga realidad.

3. Estar alerta en el momento presente, donde todo se realiza.

*Elige con cuidado aquello en
lo que pones tu empeño,
porque sin duda alguna lo tendrás.*

RALPH WALDO EMERSON

La esencia del éxito es hacer realidad los deseos y esto es algo que todos aprendimos a hacer en la infancia. El deseo es un asunto complejo. Plantea interrogantes ocultos sobre lo que merecemos, cuán buenos somos en realidad, o si Dios desea el éxito para nosotros, etc. Realmente son tantos los interrogantes que ningún padre puede aclararlos todos de antemano. El éxito y el fracaso son experiencias extremadamente personales por su relación íntima con lo que cada quien cree ser en el fondo del alma.

Por lo tanto, como padres debemos tratar de establecer una base firme de autoestima en nuestros hijos, para que puedan enfrentar las innumerables experiencias de éxito y fracaso que tendrán mientras crecen. En el plano espiritual, el deseo nunca es negativo; nacimos como criaturas de deseo. Sin él, no querríamos crecer. Otras criaturas no necesitan desear crecer, porque en ellas el proceso es genético; pero para nosotros los humanos, el deseo de crecer empuja a la mente hacia la fuente de amor, paz y poder infinito, que constituye la meta misma de la vida.

Los niños deben aprender que el deseo es el camino hacia Dios, y que la intención es su principal herramienta para recorrer ese camino. Lo que anhelamos determina lo que obtenemos. Aunque parezca paradójico, es necesario tener una visión del futuro a fin de que el futuro pueda sorprendernos, porque sin visiones, la vida se estanca en el ritual y la repetición. Un futuro que sencillamente repite el presente jamás será fuente de asombro.

El proceso espiritual por el cual el deseo se hace realidad no es tan espontáneo como el deseo mismo. Es un proceso que debe enseñarse. La ausencia de éxito en la vida se debe principalmente a la confusión mental. Por ejemplo, no percibimos cuán contradictorios son nuestros deseos y cómo nos llevan a enviar mensajes confusos al universo. Una persona que desea riqueza sin querer aceptar responsabilidad alguna, básicamente está

enviando información contradictoria al computador cósmico, y por lo general no se da cuenta de ello. Dos deseos
coexisten en esa persona: "Quiero ser rica" y "No quiero
ver mi situación como es en realidad". La falta de
conciencia la lleva entonces a culpar de su fracaso a
alguien más o a las circunstancias, cuando en realidad
la naturaleza le ha concedido ambos deseos. Lo que sucede
es que los deseos son débiles, borrosos y contradictorios
entre sí.

Ser conscientes de lo que deseamos es un paso tan
obvio y primordial en el proceso de desear que es sor-
prendente ver cuánta gente no lo es. Los niños tienen
muchos niveles de deseo de los cuales es posible no hayan
tomado conciencia, y lo mismo sucede con los adultos.
Los deseos no siempre se manifiestan claramente y rara
vez lo hacen de manera individual; siempre están mezclados libremente con la fantasía, los sueños y la proyección. Además, desear es un proceso que viene en ondas
continuas que se superponen una sobre otra. Todos nos
dedicamos a realizar deseos grandes que tardan meses
y años en cumplirse, al mismo tiempo que trabajamos
sobre deseos más pequeños que toman días, horas o minutos.

Cuanto más concretos con respecto a sus intenciones aprendan a ser los niños, más fácil les será ordenar su vida, puesto que el orden comienza en la mente.

Jueves con los niños

Las tres actividades de hoy se centran en aclarar la mecánica del deseo: enumerar o enunciar los deseos de la manera más específica posible, liberar los deseos al universo, con plena confianza en que la mecánica de la creación generará un resultado, y permanecer alerta al momento presente, que es donde ocurren todos los resultados.

1. Pídales hoy a todos los integrantes de la familia que elaboren una lista de deseos para la semana siguiente y péguenla en el refrigerador. (Esta actividad se puede iniciar cuando el niño tiene nueve o diez años; los más pequeños podrían sencillamente interpretarla como una lista para el Niño Dios, puesto que no comprenden todavía la mecánica de la intención.)

Al orientar a sus hijos durante la elaboración de

la lista, ayúdelos con preguntas como: "¿Qué es lo que más deseas para ti esta semana?", "¿Qué es lo que más deseas para alguien más?", "¿Qué deseas que suceda en la escuela?" Trate de evitar la tendencia a que la lista se convierta en una lista de compras de cosas materiales, como una bicicleta, un Nintendo, etc.

Hágales ver a sus hijos, en cambio, que el universo nos trae constantemente una corriente de resultados y premios derivados de nuestros deseos y anhelos. Los deseos y los anhelos son como semillas, y las cosas que nos suceden son los retoños de esas semillas. Algunas de ellas tardan mucho tiempo en dar fruto —por ejemplo, un niño con vocación para tocar el piano puede estar plantando una semilla que crecerá durante toda la vida. Todos trabajamos en deseos grandes y pequeños simultáneamente, y no todos pueden hacerse realidad al mismo tiempo. Cada deseo tiene su momento propicio, su propia manera de hacerse realidad.

Aliente a sus hijos a desear ante todo felicidad

y sentido de realización, ausencia de luchas y conflictos, y otras retribuciones espirituales. Pero aliente también la fructificación de semillas valiosas en cualquier plano —un talento incipiente, un buen desempeño en la escuela o en las relaciones interpersonales, el deseo de ser menos tímido o mejor en un determinado deporte o materia escolar, etc.

Y ¿qué pasa con los niños más pequeños, que aún no pueden hacer listas o pensar en los deseos como intenciones? Ensaye un enfoque más concreto: ponga a germinar una semilla de fríjol sobre un algodón húmedo y muéstreles el milagro de la germinación. Luego transplante la semilla germinada y enséñeles a sus hijos que si desean que la plántula crezca, deben regarla y cuidarla. La metáfora de la semilla es aplicable a cualquier edad, puesto que se relaciona directamente con la mecánica de la naturaleza.

2. Liberar los deseos no es la noción más fácil de comprender para un niño, especialmente si ha desarrollado el hábito de ver a sus padres como

la fuente de todo lo que desea. Muchos padres,
ante unos hijos que incesantemente piden cosas
y siempre se salen con la suya, se horrorizarían
ante la idea de enseñarles a desear todavía más.
Pero el asunto está en desear de manera *más
eficiente.* Liberar los deseos al universo es parte
de la eficiencia, porque nadie tiene por sí solo
el poder de hacer realidad los deseos y los anhelos.

El éxito puede venir de cualquier parte.

Cuando usted reconozca este hecho, podrá enseñarles a sus hijos el principio de aguardar con
paciencia. Es decir, después de que usted sabe
qué es lo que desea, debe quedarse tranquilo. Los
deseos superficiales y triviales sencillamente se
desvanecerán, pero los más sinceros y profundos
serán alimentados por la naturaleza. Cuénteles
a sus hijos que los deseos que se guardan en el
corazón se hacen realidad más rápidamente que
aquéllos que difundimos constantemente al hablar
de ellos o exigírselos a los demás.

3. Siempre hay un deseo en proceso de hacerse

realidad en cada momento del día. Las viejas semillas que sembramos (y que quizá hemos olvidado) arrojan sus resultados, mezclados con los inicios de otros resultados más grandes por venir. Para los padres, el punto es hacer que los hijos tomen conciencia de que el universo (o el espíritu o Dios) siempre está escuchando; ninguno de nosotros está solo. En todo momento se nos presta atención.

Una forma sencilla de mantenerse alerta a la respuesta del universo es marcar las listas fijadas en el refrigerador. Pídales a sus hijos que le vayan informando cómo va el proceso de la realización de sus deseos durante la semana. Para ayudarlos, formúleles preguntas como: "¿Te sucedió algo realmente bueno hoy?" y luego hágales ver la manera como su respuesta encaja con la lista de deseos de la semana.

Mantenerse alerta al momento presente es el abono que nutre la realización de los deseos.

La mayoría de los deseos se cumplen por etapas,

no de una sola vez; esto es cierto especialmente en el caso de las semillas que, después de sembradas, crecen durante años y años. Cada paso de la realización viene a su debido tiempo, en su momento. Por tanto, si nos mantenemos alerta en cada momento, recibimos los resultados de nuestros deseos. Un ejemplo sencillo es la felicidad. Todo el mundo desea ser feliz, pero muchas personas esperan alguna visión o un estallido súbito de alegría que durará para siempre. La felicidad verdadera no es así; es un estado de bienestar del cual debemos estar conscientes o, de lo contrario, el momento pasará sin ser notado, o quedará oculto por aquella cosa externa que parece ser la causa de nuestra felicidad (o infelicidad). Por tanto, el hecho de permanecer alerta al momento presente es algo que sucede en nuestro interior; buscar permanentemente la realización de los deseos afuera de nosotros mismos es equivocar del todo el foco real de la realización.

Aunque muchos niños pequeños no tienen la capacidad de concentrar su atención durante pe-

ríodos lo suficientemente largos como para seguir un deseo desde su nacimiento hasta su culminación, sí pueden aprender que desear algo
no implica exigir, gimotear o sufrir si no obtie-
nen retribución inmediata. Al atender los deseos
de nuestros hijos pequeños, asumimos el papel
de la naturaleza durante esta primera etapa. Y
así ellos, seguros de que sus padres prestan atención a sus deseos y que desean satisfacerlos, arran-
can con una buena base para confiar en la
naturaleza más adelante.

Los niños mayores tienen la capacidad de observar con mayor atención y durante más tiempo.
Pueden aprender que el deseo es un mecanismo
asentado en el corazón, y que, en consecuencia,
no es necesario perseguirlo en el mundo exterior.
El camino de nuestros deseos es natural —sentimos el impulso de trabajar por cosas que traen
las satisfacciones más profundas, y que están en
armonía con nuestros talentos y habilidades. El
deseo mismo se convierte así en maestro, enseñando al niño a seguir las indicaciones de su
propio guía interior.

"¿Es esto lo que realmente deseas?" es una pregunta que comienza a ser apropiada para los niños más grandes, y que continúa siendo relevante durante toda la vida. Si la respuesta es afirmativa, entonces el niño necesita aprender que su deseo es suficiente para satisfacer a Dios; la intención divina se pone en armonía con la intención humana cuando el deseo es puro, claro y favorece de la mejor manera el crecimiento espiritual de la persona. Los deseos que no se cumplen por lo general carecen de uno de esos ingredientes, o sencillamente requieren más tiempo.

Reflexiones sobre la ley de la intención y el deseo

*Cultiva las cosas buenas que deseas para
ti mismo, puesto que el deseo es
el camino hacia Dios.*

*Todo acontecimiento que te desconcertó
el día de hoy, tuvo su origen en
una intención de ayer.*

*El espíritu no puede satisfacer ningún deseo
mientras éste no sea liberado.*

*Tan concreta, clara y pura como sea
tu intención, así de claro será el
resultado que obtengas.*

El viernes

es el día del desapego.

Hoy les decimos a nuestros hijos que
disfruten el viaje.

Como padres, el viernes convenimos en hacer las siguientes cosas con nuestros hijos:

1. Hablar acerca del "verdadero yo".

2. Mostrarles que la incertidumbre puede ser buena —nadie tiene todas las respuestas.

3. Enseñarles a mantener el equilibrio frente a las pérdidas y las ganancias.

Toda la vida es un experimento.
Cuantos más experimentos
realicemos, mejor.

RALPH WALDO EMERSON

"Disfrutar el viaje" es una forma positiva de expresar una idea no muy popular en nuestra sociedad. Las palabras tienen valores diferentes en las distintas culturas y no hay mejor ejemplo de ello que el término *desapego*. Durante miles de años, especialmente en Oriente, el desapego ha sido un término positivo cuya connotación es la capacidad para encontrar la felicidad más allá del juego del placer y el dolor. Pero en Occidente, nuestra fijación intensa por realizar metas materiales le ha impuesto una connotación negativa a la palabra, asociándola con la indiferencia, la apatía y la falta de compromiso.

No hay duda de que la actitud oriental puede degenerar en fatalismo y falta de iniciativa, pero en su

significado puro el desapego implica un compromiso y
una creatividad inmensos, sólo que renunciando al resultado. Los dos componentes son necesarios para la felicidad: el compromiso intenso nos deja la felicidad de
utilizar la creatividad; la renuncia es la forma de reconocer que todos los resultados dependen del universo y no
de nuestro ego limitado. El hombre sabio vive despren-
dido del drama del mundo material porque tiene la atención puesta en la fuente en la cual se originan todas las
dualidades de luz y oscuridad, bien y mal, placer y dolor.

No es fácil enseñar el principio del desapego debido
a que es muy contrario a nuestra cultura. Pero podemos
comenzar por enseñar lo que no es desapego.

No es desapego manifestar falta de interés.

No es desapego decir que algo no es responsabilidad
nuestra cuando sí lo es.

No es desapego hacer caso omiso de las necesidades
y los sentimientos de los demás.

No es desapego buscar ser siempre el número uno.

Enseñarles a los niños a evitar esas actitudes es una
buena manera de iniciarlos en el camino del desapego.
La mayor parte del tiempo, sentimos la tentación de ape-

garnos a algo, y en esas situaciones siempre está de por medio el "yo" y "lo mío". La actitud de aferrarnos a nuestras cosas, nuestro trabajo, nuestras opiniones, nuestro orgullo, etc., es producto del temor. Tememos que el universo sea frío e indiferente y por eso concentramos toda nuestra energía alrededor de ese "yo" que supuestamente nos debe proteger.

Sin embargo, esa contracción del ego impide precisamente la libre expansión a través de la cual encontramos la conexión con el espíritu. Es lo que suele describirse como la diferencia entre el yo y el Yo. El yo es el ego aislado que se aferra a su pequeña realidad; el Yo es el espíritu sin límites que puede darse el lujo de no aferrarse a nada.

Desapego significa que vivimos del Yo en lugar de en el yo.

La infancia es la etapa crítica para aprender acerca del Yo, puesto que es el período durante el cual comienzan a desarrollarse el ego y todas sus necesidades y temores. Cuando un niño sucumbe al ego, cae presa de la ilusión total del "yo, mi y mío", de la cual le será difícil y doloroso desprenderse al llegar a la edad adulta. El ego debe temperarse con la noción de que el "yo" no necesariamente significa ego; la "yo-idad" puede ser una sensación de unidad con el terreno de todas las posibilidades o lo que se ha dado en llamar el ego cósmico. Así, al enseñarles el desapego, invitamos a nuestros hijos a unirse con nosotros en la danza cósmica.

El desapego es el punto de vista que nos permite disfrutar el viaje de la vida. Ese goce es básico para el éxito.

También sería bueno hablar un poco más sobre el concepto de "participar con desapego" —realizar con entusiasmo total cualquier actividad, pero sin esperar ejercer control sobre el resultado. Nuestra responsabilidad se limita a las actuaciones realizadas; el resultado se deposita en las manos del espíritu. Este concepto no es realmente aplicable en el caso de los niños pequeños, porque contiene una paradoja aparente. ¿Cómo puede una persona estar totalmente comprometida y desapegada al mismo tiempo?

La respuesta solamente se puede hallar en el terreno del Ser. Si nos identificamos con el espíritu, cada una de nuestras actuaciones encaja dentro de un patrón más grande. Al ser infinito, ese patrón —al cual podemos llamar el plan de Dios— está más allá de la comprensión racional de una persona. El desapego es la forma de demostrar que dejamos el plan mayor en manos de Dios; el compromiso es la forma de demostrar nuestro deseo de participar, puesto que no hay nada que inspire más pasión que cooperar en la labor creadora de Dios.

La sabiduría de la incertidumbre es otro concepto estrechamente relacionado con esto. El ego teme la incertidumbre porque desea controlar la realidad en todo momento. Sin embargo, desde el punto de vista del desapego, el universo siempre cambiante debe permanecer incierto. Si todo estuviera definido, no habría creatividad. Por lo tanto, el espíritu opera a través de la sorpresa y los resultados inesperados. El amor divino por la incertidumbre parece contradecir a primera vista la ley del karma, la cual dice que todo sucede de acuerdo con la causa y el efecto. Pero el karma no es la realidad última; es apenas la mecánica de la manera como operan las cosas en el mundo relativo. La realidad última es el despliegue de la creatividad divina. En últimas, el universo es recreativo; existe para el juego de Dios. Cuanta más cuenta de esto nos damos, más podemos participar en el juego y liberarnos de la angustia sobre el posible resultado de las cosas. La tranquilidad se logra únicamente cuando aceptamos la sabiduría de la incertidumbre.

Si es verdad que el universo es incierto —como nos lo asegura el famoso principio de Heisenberg— entonces todo es posible. Es probable que desde el punto de vista emocional nos sintamos más a gusto con los resultados fijos, pero la certidumbre total sería la muerte. Desde el punto de vista espiritual, muerte no equivale a extinción; es el estancamiento de la vida, la energía que ha sido obligada a quedarse en un solo sitio en lugar de fluir hacia su siguiente propósito dentro del plan divino. Para que la visión de la vida sea completa, debe incluir el reconocimiento de que todo está destinado a suceder y que nuestro papel es permanecer abiertos a la incertidumbre y la sorpresa.

Viernes con los niños

Las tres actividades para hoy implican ver el mundo con mayor desapego a través de lo siguiente: reconocer que el "verdadero yo" es espiritual, aceptar que la incertidumbre es inevitable y que no debe ser objeto de temor, y aprender a encontrar el equilibrio en las pérdidas y las ganancias.

Estas lecciones son apenas un comienzo —el desapego crece en todos los niveles a medida que la vida espiritual madura. El altruismo y la compasión son el resultado natural del desapego, lo mismo que el servicio a los demás. También son frutos del desapego reemplazar el orgullo por la humildad y la condición que Cristo llamó "estar en el mundo pero no ser de él". Mi expresión favorita para explicar el desapego es que éste nos hace ciudadanos del universo. Todas estas cosas están implícitas en las sencillas lecciones para el día de hoy.

1. El "verdadero yo" es un tópico fascinante a cualquier edad. Desde siempre, los niños han sentido fascinación por el otro mundo. Les hemos contado historias sobre Dios, el cielo y los ángeles casi desde la cuna; los cuentos de hadas crean un mundo semejante que los niños aceptan como imaginario y, no obstante, más real que el mundo que los rodea. Con esto en mente, es posible hablarles a los niños sobre el Yo en términos que ellos comprendan.

He aquí, por ejemplo, el tipo de fábula apropiada para contarles a los más pequeños: "Cada persona tiene un amigo invisible que está pendiente de todo lo que ella hace. Tú tienes un amigo, al igual que tus hermanos y hermanas, y tu mamá y tu papá. Dios fue quien te envió a tu amigo. Tu amigo no está en el cielo como los ángeles sino aquí mismo, en tu corazón. ¿Sabes cómo se llama tu amigo? Igual que tú, porque tu amigo es en realidad parte de ti. Cuando tú sientes cariño hacia tus juguetes, o hacia mí o hacia cualquier otra cosa, tu amigo te está ayudando a sentir ese cariño. De manera que siempre debes asegurarte de estar atento cuando te sientas triste o enojado. Cierra los ojos y pídele a tu amigo que te recuerde que todos te amamos mucho y que, en consecuencia, tú siempre te debes querer. Eso es lo que tu amigo invisible vino a decirte, siempre".

El Yo es el alma de una persona, la cual observa todos los sucesos de este mundo en un estado perfecto de paz y alegría. Es nuestra conexión con Dios y el cielo (si prefiere utilizar esos términos) o con el terreno de todas las posibilidades. No es posible lastimar o confundir al Yo; el Yo siempre nos ama; siempre está cerca. Los niños se sentirán tranquilos al oír estas cosas, aunque pasará mucho tiempo antes de que puedan creerlas completamente.

Para identificarnos plenamente con el Yo necesitamos una prolongada experiencia en la meditación, puesto que solamente a través del silencio
de la conciencia interior podemos conocer al Yo.
Gradualmente comenzamos a darnos cuenta
de que este Yo no está solamente dentro de
nosotros, sino que impregna toda la existencia.
El yo pequeño no puede captar la infinita complejidad de la vida —por mucho que tratemos
de creer otra cosa, la realidad no está bajo el
control del ego. El Yo organiza la realidad observando, permitiendo, aceptando y, en últimas,
uniéndose con la inteligencia cósmica, organizadora hasta de los detalles más ínfimos de toda
la realidad.

2. Siempre hay un equilibrio delicado entre darle
seguridad a un niño y enseñarle que la realidad
puede ser muy incierta. Es el dilema que enfren-
tan todos los padres, generalmente con angustia
ante el temor de equivocarse en uno o en otro
aspecto —ya sea inspirando en sus hijos una seguridad falsa, o exagerando sus advertencias sobre
los peligros y los riesgos.

Desde el punto de vista espiritual, es necesario conciliar estos dos valores contrarios para así tener seguridad en un mundo cambiante e impredecible. No es posible desear que la incertidumbre desaparezca como por arte de magia; por lo tanto, es de gran valor aceptarla y reconocer la sabiduría de la incertidumbre —la sabiduría de un Creador que desea una realidad siempre fresca, renovada y en movimiento constante hacia la realización.

¿Cómo comunicar esto a un niño? A los pequeños les encantan las sorpresas y éste es el día de abandonarse plenamente al deleite de sorprenderlos. Los regalos inesperados dan alegría a quien los da y a quien los recibe, y no se necesita otra excusa que la de "querer hacer algo diferente". Después de todo, ésa es la única razón que Dios necesita.

Cuando los niños son mayores, la incertidumbre puede parecer un problema, puesto que implica un mundo cambiante difícil de manejar. Es importante enseñarle al niño a abandonarse al cambio y a disfrutarlo, porque ésa es la forma directa de enfrentar la ansiedad oculta. A los niños de cinco años y más se les puede preguntar si sienten temor ante algo nuevo. Basta comenzar con una frase sencilla como: "Sé que no has hecho esto antes. ¿Sientes un poco de miedo?"

Este día también podemos acordarnos de no actuar ante nuestros hijos como si lo supiéramos todo, como si ser adultos equivaliera a conocer la respuesta a todas las preguntas. Éste es un asunto delicado, porque los niños se sienten tranquilos cuando hay autoridad. Así, es necesario expresar la incertidumbre en términos positivos. En lugar de decir: "No sé", haga énfasis en que hay muchas respuestas y que lo divertido de la vida es descubrir cuánto nos falta por aprender, independientemente de todo lo que ya sabemos.

3. A nadie le agrada perder, en ningún nivel. Los niños sufren tanto por la muerte de una mascota o la pérdida de un juguete como lo hacen los adultos por la muerte de un amigo o la pérdida

del empleo. El dolor por la pérdida emana de la expectativa; esperamos ser más felices poseyendo algo y menos felices si no lo poseemos. A pesar de tantas historias que nos advierten que la riqueza no hace la felicidad, todos asociamos el dinero y las posesiones con el bienestar.

Usted puede comenzar a enseñarles a sus hijos otro camino desde temprana edad, a saber, el de buscar la felicidad en ellos mismos en lugar de buscarla en las cosas externas. Aquí es donde entra la lección de la pérdida y la ganancia. El niño no queda satisfecho cuando se le habla de la pérdida únicamente en el plano material. Decirle: "No llores, te compraré otro juguete" es tan miope como decir lo contrario: "Es tu culpa, y no te compraré otro".

Estas dos afirmaciones suponen que el juguete es la fuente de la felicidad. Es necesario decidir si se debe o no reemplazar lo que se ha perdido, pero el problema de fondo es señalar que el juguete no importa. Debemos hacer que nuestros hijos se sientan seguros y amados, independientemente de lo que tengan o no tengan. Así, una pérdida puede ser la excusa para reforzar la noción de que el "verdadero yo" está bien, independientemente de lo que suceda. No hay que sofocar el sufrimiento por la pérdida ni obstaculizar el desfogue emocional, pero es importante ponerlo en perspectiva: "Sé que te sientes mal ahora, pero es sólo un objeto y tú estás aquí por razones mucho más importantes que las cosas que puedas poseer o no".

¿Cuáles son esas razones? En situaciones difíciles, después de que el estallido emocional haya pasado, usted puede decir algo como:

"Estás aquí para ser especial, porque eres especial".

"Estás aquí para descubrir todo tipo de cosas".

"Estás aquí para que papá y mamá te quieran y te cuiden".

"Estás aquí para ser feliz de muchas maneras diferentes".

Cada una de estas afirmaciones apunta a la noción

de que "yo" soy único, creativo, amado y que no
me hace daño el hecho de perder. Llorar por la
pérdida de un juguete no es lo mismo que perder
parte de nuestro ser —pero es asombroso ver
cuántos niños no se dan cuenta de esta simple
verdad, porque sus padres no se la recuerdan.

De esta forma se aborda al mismo tiempo todo
el asunto de perder y ganar. Son muchísimas las
personas que crecen pensando que todos sus problemas se resolverán tan pronto como tengan
suficiente de algo —dinero, fama, posición, etc.
Pero la pérdida y la ganancia siempre se presentan en ciclos. En últimas, lo mismo sucede con
la vida y la muerte, que siempre están persi-
guiéndose la una a la otra, en el ciclo eterno del
nacimiento y el renacimiento.

El desapego es la cualidad que le permite a una
persona permanecer impávida ante las pérdidas
y las ganancias. Ninguna de ellas afecta al Yo;
el Yo siempre está pleno. Siempre recibe suficiente amor y felicidad de su fuente para estar
satisfecho. Enséñeles esto a sus hijos, apuntando

en todo momento al hecho de que esa misma fuente de amor y felicidad está siempre a nuestra disposición. El viaje espiritual es el descubrimiento de cuánto más seguro es el Yo que el yo.

Reflexiones sobre la ley
del desapego

*Desapego significa sentir pasión por
nuestro trabajo, pero indiferencia frente
a sus retribuciones.*

*Todo nombre o apelativo con el cual te
identifiques es falso —el verdadero yo no tiene
nombre ni límites y está más allá de
toda designación.*

*La clave del éxito está en confiar en nosotros
mismos y no en nuestras realizaciones.*

*Entrégate al universo y no tendrás necesidad
de ejercer el control.*

*La aceptación de uno mismo conduce
al éxito, no al revés.*

El sábado

es el día del "dharma".

Hoy les decimos a nuestros hijos que
están aquí por una razón.

Como padres, el sábado convenimos en hacer las siguientes cosas con nuestros hijos:

1. Preguntarle a cada uno: "¿Dónde estás en este preciso momento?"

2. Estimular sus talentos y habilidades especiales.

3. Invitarlos a realizar un acto de servicio.

*La vida de cada uno de nosotros es
un cuento de hadas escrito por
los dedos de Dios.*

HANS CHRISTIAN ANDERSEN

Dharma es una palabra en sánscrito que significa varias
cosas: deber, propósito y ley. En cierto sentido, el día
del dharma es el día de la ley, la culminación de toda
una semana dedicada a las leyes espirituales. Este día
reflexionamos sobre qué tan bien hemos cumplido la ley
espiritual, cuán sintonizada está realmente nuestra existencia con la armonía del universo.

Hoy les recordamos a nuestros hijos que están aquí
por una razón. La ley espiritual está para servirnos, como
nosotros estamos para servirla. La ley nos sirve al demos-
trarnos que la felicidad duradera y la realización son
posibles, en realidad inevitables. Hay un propósito oculto

que trabaja en pro de nuestra evolución en cada suceso, cada actuación, cada pensamiento. La meta más elevada en la vida es encontrar ese propósito y vivir de conformidad con él.

El día de hoy medimos nuestro éxito de acuerdo con la plenitud de la semana, la tranquilidad y las oportunidades que nos ha traído, las nuevas oportunidades y los nuevos conocimientos de los que nos hemos percatado. Entonces proyectamos todo esto en nuestros hijos. La noción de que la vida es injusta parece válida únicamente en la medida en que experimentamos el desamor de los demás, quienes no siempre están en capacidad de compartir los niveles más elevados de la conciencia que el espíritu trata de inspirar.

El propósito se activa únicamente cuando hay receptividad. La conciencia es la clave para lograr lo que el universo tiene planeado para nosotros.

La familia es el entorno propicio para reforzar que la vida siempre es justa. El dharma nos lo garantiza a través de la fuerza de la ley espiritual. Decir que la vida es injusta implica que es aleatoria, vacía, caprichosa y peligrosa. En otras palabras, que carece de leyes espirituales. Así, este día se pueden contrarrestar todas esas impresiones demostrando cuán justa es en efecto la vida y que lo que la hace justa es el hecho de tener libre albedrío para expresarnos con cada onza de poder creador que tenemos a nuestra disposición.

Sábado con los niños

Las tres actividades para hoy se centran en el propósito de la vida a medida que ésta se despliega ante los niños. Preguntémosles a nuestros hijos: "¿En qué punto estás ahora mismo?", resaltemos que cada uno de ellos es único y especial, e invitémoslos a realizar un acto de servicio.

1. "¿En qué punto te encuentras ahora?" es la pregunta que permite explorar lo que el niño piensa acerca de su propósito y progreso. El dharma es el sendero, el cual se traduce en varios componentes:

   • A dónde creo que voy. Ésa es mi visión.
   • Hasta dónde creo haber llegado. Ése es mi nivel de conciencia.
   • Qué me impide avanzar. Ése es mi desafío o mi lección del momento.

Para ser completo, el dharma debe contener todos esos ingredientes. Una visión sin un medio para recorrer el camino no es más que una fantasía. El trabajo arduo y la realización sin una visión es talento que se dispersa en la arena. No es necesario verbalizar todos los componentes cada día; la visión, por ejemplo, generalmente es más fuerte al comienzo, pero posteriormente cede el paso al trabajo y a los obstáculos que harán de ella una realidad.

Aun así, es bueno que los niños aprendan a tomar conciencia de su camino. Los más pequeños siguen un propósito instintivo, el de ser felices. Pero tan pronto como tienen edad suficiente para fijar metas —después de los seis años— es necesario medir el progreso hacia ellas. "¿En qué punto te encuentras?" "¿Cómo van las cosas?" "¿Te estás acercando a lo que deseas lograr?" Si la respuesta es no, entonces, "¿Por qué?" Con estas preguntas en mente, los padres pueden comenzar a alentar a cada hijo a sentir una conexión íntima con el propósito de la vida todos los días.

El tema se puede ampliar preguntando: "¿En que punto nos encontramos como familia?" Muchas familias sentirían temor de hacer esa pregunta, porque no hay suficiente franqueza, intimidad y confianza para que las respuestas sean sinceras, o los padres están demasiado aferrados a la necesidad de poseer todas las respuestas.

Es necesario enseñarles a los hijos desde una edad muy temprana que está bien expresar lo que sienten acerca de los asuntos de la familia. Lo mismo se aplica a hablar francamente cuando sientan que sus deseos no se cumplen. Muchos deseos no se hacen realidad, al menos no inmediatamente, y la desilusión, el desaliento y la frustración son realidades espirituales de las cuales no tienen por qué ocultarse. No hay camino sin obstáculos y, aunque un impedimento parezca negativo en el plano emocional, la ley del dharma nos dice que en cada obstáculo hay oculto algo bueno. El dharma es ley universal; nos sostiene donde quiera que debamos estar. Así, la respuesta por excelencia a la pregunta "¿En qué punto te encuentras?" es: "Exactamente donde necesito estar".

Se necesita una seguridad enorme para poder dar esa respuesta, y ésa es la seguridad que debemos reforzar en nuestros hijos. Como individuos, carecemos de la visión para ver más allá de los recodos del camino. No es parte del plan de la naturaleza permitir ver todo el paisaje, dado que la sorpresa y la incertidumbre son parte del plan divino.

Es obvio que los niños se frustran fácilmente cuando las cosas no salen bien, y el proceso de adquirir paciencia y aceptar tranquilamente la noción de que cada persona está donde debe estar es un proceso de toda la vida.

2. Hacer que un niño se sienta único significa hacerlo sentir *deseado* de una manera única. Tener un talento es una cosa; sentirse acogido por el universo es otra. Ser único sin amor es algo estéril y no muy distinto de estar solo. Hoy usted puede sentarse a hacer una lista de los

talentos de cada uno de sus hijos con la participación de ellos, a fin de reforzar la noción de que los talentos son un regalo del espíritu para nuestra felicidad y realización.

3. Invite a cada uno de sus hijos a hacer algo por alguien más, por pequeño que sea el gesto. Recoger la basura del suelo durante un paseo, abrirle la puerta a un anciano, ayudar a los hermanos pequeños a ordenar el cuarto son actos tan valiosos como una obra de caridad. Lo que se busca enseñar es el significado interno del gesto. Ayudar a otra persona nos hace sentir bien de una manera muy diferente de lo que sentimos cuando hacemos algo por nosotros mismos. Ésta es la esencia de la lección que debemos dar, y no solamente que el servicio es virtuoso y que nos ayuda a quedar bien ante los demás (lo cual suele ser el motivo entre muchos adultos).

Servir a los demás cuadra muy bien con la noción de que todo es único. Al servir a otra persona tenemos la oportunidad de apreciar su valor; el servicio es una forma de expresar directamente dicho aprecio. Cuando un niño hace cosas buenas por un hermano o una hermana menor, o por un amigo, inmediatamente siente cuán especial es ese amigo, hermano o hermana. De esta manera, el niño aprende a ver que todo el mundo tiene la cualidad de ser especial.

Al servir a los demás recordamos nuestro deber como hijos amorosos del Todopoderoso. "Deber" es sinónimo de *dharma*, palabra que también abarca el deber hacia la sociedad, hacia uno mismo y hacia Dios. Nuestro deber hacia la sociedad es servir a los demás; nuestro deber para con nosotros mismos es desarrollarnos espiritualmente; nuestro deber hacia Dios es participar en el plan divino de la evolución del ser humano.

Nuestra labor como padres no es enseñarles a nuestros hijos reglas rigurosas que deban obedecer. Los invitamos a participar de nuestro viaje, de nuestro sentido de propósito, el cual nunca termina. Es un viaje cuyo significado se expande sin cesar.

Aunque los niños pequeños quizá no comprendan lo que esto significa en palabras, sí pueden reconocer con facilidad si a nosotros la vida nos parece emocionante y maravillosa. Nuestro propio sentido de propósito en el universo habla mucho más fuerte que cualquier discurso.

Reflexiones sobre la ley
del "dharma"

*Una vida de propósito revela el propósito
de la vida.*

*Jamás nos equivocamos acerca del destino.
Ya sea que tengamos éxito o no,
el destino nos dará la razón.*

*El universo tiene un propósito —la realización de
la creatividad y la felicidad
del ser humano.*

*No juzgues tu vida. Toda vida es un paso
hacia la unidad con Dios.*

*No luches por buscar la razón de
tu presencia aquí —solamente observa
con mayor atención.*

Conclusión:
La única cosa de la cual no podemos prescindir.

¿Qué es aquello de lo cual no podemos prescindir como padres? La mayoría de las personas se apresurarían a responder "el amor", y no se equivocan. Pero entonces surge una pregunta más profunda: "¿De dónde viene el amor?" Por sí solo, el vínculo del amor no es suficiente, porque se adelgaza y a veces se rompe. Aunque todos criamos a nuestros hijos conforme a lo que llamamos amor, la juventud de hoy tiene problemas horrendos.

Más profunda que el amor, aquella cosa de la cual no podemos prescindir es la *inocencia*. La inocencia es la fuente del amor. La inocencia, tal como la defino aquí, no es lo mismo que ingenuidad. Todo lo contrario.

Inocencia es apertura. Se basa en el profundo conocimiento espiritual de ciertos asuntos cruciales.

Inocencia es saber que podemos guiar a los niños
pero nunca controlarlos. Debemos mantener una actitud
de apertura hacia la persona que hay en todo niño, una
persona destinada a ser diferente de nosotros. En la
inocencia podemos aceptar este hecho con un corazón
alegre.

Inocencia es saber que la vida jamás nos da certeza.
Los hijos tomarán caminos imposibles de prever y harán
cosas que nosotros jamás haríamos. La incertidumbre es
una realidad porque la vida es solamente cambio. En la
inocencia aceptamos esto y renunciamos a la necesidad
de obligar a nuestros hijos a ajustarse a nuestras nociones
preconcebidas.

Inocencia es saber que el amor es más profundo que
las actuaciones que percibimos. En apariencia, el viaje
de un niño es caprichoso y difícil. Todos sentimos la
tentación de intervenir para enseñarles a nuestros hijos
las lecciones que nos parecieron más difíciles de aprender; deseamos protegerlos para que no sufran innecesa-
riamente. Pero en la inocencia nos damos cuenta de que
lo que vemos en la superficie de la vida es una maniobra
de distracción para no ver el viaje más profundo que cada

quien debe realizar. Se trata del viaje del alma. Este viaje sucede bajo la mirada vigilante del espíritu. Podemos ayudar a nuestros hijos a darse cuenta de la importancia insondable del alma, pero en ningún momento podemos asumir la responsabilidad por su viaje. Ése es un acuerdo exclusivo entre cada persona y su Yo superior.

Si tuviera que condensar todos estos puntos en una sola frase, sería la siguiente: *Inocencia es saber que nuestros hijos son nuestros y aun así no nos pertenecen.* Todos somos en últimas hijos del espíritu. Todos crecimos perteneciendo al seno de una familia, pero es una forma de pertenencia muy débil. En realidad nos pertenecemos principalmente a nosotros mismos, es decir, a nuestro espíritu, a nuestra alma o esencia.

Así, ver a un niño con amor verdadero es ver en él esa chispa de Dios. Es fácil decir que cada niño es único y precioso, pero lo que realmente hace que esta afirmación sea verdad es la inocencia, poder ver al niño como un alma que ha emprendido el viaje de su crecimiento. Esto implica renunciar a algunos patrones profundamente arraigados acerca de la crianza.

Los padres estamos acostumbrados a ser figuras de autoridad. Como tales, nos ponemos por encima y más allá de nuestros hijos —damos a entender que somos más inteligentes, más poderosos, más veteranos y amos del dinero y los bienes. Desde esa posición de autoridad, los padres hemos podido sentenciar, castigar, sentar las reglas de lo bueno y lo malo, y hacerlo con un claro sentido de deber y propósito.

En este libro he esbozado un deber y un propósito diferentes. Desde esta nueva perspectiva, el progenitor no es una autoridad. Usted y su hijo son almas; ambos embarcados en el viaje de su propio crecimiento. La única diferencia está en los papeles que han escogido representar. Todas las almas son inmortales; no pueden crearse ni destruirse. Pero todos escogemos unos papeles que representamos temporalmente.

Lo mejor que usted puede hacer por usted mismo desde el punto de vista espiritual es desempeñar su papel como progenitor con total amor, convicción y propósito. En últimas, la razón por la cual usted decidió tener hijos fue egoísta —en el mejor sentido espiritual. Ése es el papel que le dará más alas e inspiración. Y lo mismo es cierto para su hijo. Como espíritu omnisciente e inmortal, su hijo ha optado por ser un lactante débil y vulnerable, totalmente dependiente de su ayuda. Ése es el papel que representa un niño, con convicción y dedicación totales. Y, no obstante, si ustedes se despojaran de sus papeles, ambos aparecerían como almas puras, iguales y parte de un todo. La inocencia le permitirá reconocer esto, representar su papel, e ir más allá.

Algunas personas podrían rebatir toda esta noción, pero creo que todos los padres han tenido momentos en que al mirar a los ojos de sus hijos han visto en ellos historias de sabiduría infinita, experiencias que van mucho más allá de ese momento particular aislado en el tiempo y en el espacio. Sé que ha sido así con mis propios hijos. Los he arropado en la noche, les he leído cuentos, hemos jugado a la pelota y he presenciado lleno de orgullo presentaciones de danza. Mientras hacía todo eso, yo era el padre y ellos eran los niños.

Pero ha habido otros momentos, mucho más escasos, en que se ha desvanecido la fachada. He visto en mi hijo una mirada que me dice: "Aquí estamos de nuevo. ¡Cuán interesante es este juego que nos tocó esta vez!" He visto a mi hija sonreír de tal manera que simplemente supe que estaba a punto de reír a carcajadas ante las máscaras que hemos utilizado para mantener vivos nuestros personajes.

En esos momentos preciosos y ante esas miradas y sonrisas he sentido el lazo de la inocencia, más poderoso que el amor, puesto que lo trasciende. En lugar de estar aquí simplemente como una unidad familiar con sus triunfos y fracasos privados, cada familia es una comunión de almas. Lo que tenemos en común no es el lugar donde vivimos, las escuelas a las que asistimos o lo que hacemos para ganarnos la vida. Navegamos juntos en el mar de la inmortalidad —he ahí el verdadero vínculo. Cuando logramos ver más allá del personaje y aun así representarlo con amor y dedicación, asumimos un enfoque realmente espiritual frente a la crianza de nuestros hijos.

Por último, las siete leyes espirituales son apenas medios para lograr ese resultado. Nos recuerdan la forma de mantener viva la inocencia. Este mundo tiene muchas cosas que atentan contra la inocencia y muy poco que contribuya a mantenerla viva. Para mí, la ley espiritual no es opcional —es así como el universo funciona a medida que se despliega desde el Ser puro inmanifiesto hasta la diversidad infinita del mundo creado. Si vivimos en sintonía con las leyes espirituales, estaremos en armonía con la inteligencia ilimitada del Ser. Como padres, lo que enseñamos a nuestros hijos no es diferente de lo que aprendemos constantemente nosotros mismos.

Global Network for Spiritual Success
P. O. Box 2611
La Jolla, CA 92038
U.S.A.

Estimado amigo,

Este libro es producto de las miles de cartas que recibí de parte de los lectores de *Las siete leyes espirituales del éxito*. La Red Global para el Fomento del Éxito Espiritual (The Global Network for Spiritual Success) también es producto de esa misma fuente. A través de la incorporación a la vida diaria de la aplicación consciente de las siete leyes espirituales, la Red se ha convertido en una gran familia comprometida con la expansión del amor. Al concentrarnos en una ley cada día de la semana, comenzando el domingo con la ley de la potencialidad pura y atravesando toda la semana hasta el sábado con la ley del dharma, atraemos colectivamente el poder de la intención para transformar la vida en la Tierra tanto para nosotros como para nuestros hijos.

Si usted se une a la Red Global podrá ponerse en contacto con miembros de todo el mundo, y recibir material sugerente e informativo que lo anime, le brinde apoyo y lo invite a profundizar su crecimiento en el futuro. Si le interesa convertirse en miembro de la Red, por favor envíe un sobre tamaño carta con su dirección y el porte pagado (o una dirección de correo electrónico) a la dirección que aparece en la parte superior de la página anterior. A vuelta de correo nosotros le enviaremos un formulario de inscripción y una tarjeta con las siete leyes que usted podrá mantener en su billetera.

La Red Global para el Fomento del Éxito Espiritual es una realización de mi compromiso más importante con la familia. La familia mundial está creciendo, transformándose y buscando orientación. Yo los invito a dedicar su amor y su energía a la creación de un maravilloso campo de juego para nuestros hijos universales. No puedo pensar en una experiencia más satisfactoria.

Con amor,

Deepak Chopra